日本書紀の時間構造

未生已生の国常立尊と中今

徳橋達典
Tatsunori Tokuhashi

ぺりかん社

日本書紀の時間構造——未生已生の国常立尊《クニノトコタチノミコト》と中今——

＊目次

目　次

カバー写真＝撮影著者

はじめに

今は刻々移ろいでいく。かつての今は過去となり、つとに過ぎ去り古《いにしえ》になる。未だ見えざる未来の今も、やがて必ず古になる。直線的な時の流れを思い描くと、時は過去から未来へと、流れるものに思えるが、無量無辺の未来の端は、思う間もなく、一瞬の今現在に収斂されて、未来から寄せ来る今を乗り継いで、過去へ過去へと移ろいながら、古の渾沌につらなっていく。そしてまた、その古は今に帰結し、未来を照らす。

時は細かく刻めるものか。間断もなく流れるものか。永遠の円環なのか。端のある直線なのか。心象がついと織りなす幻想なのか。過去は記憶で、未来は予見。過去を苛《さいな》み、未来に怯《おび》え、やがて思いは渾沌に帰す。日々の悩みが追いつけぬほど、瞬く今は未来を絡め、過去へ過去へと連なっていく。今は同時に重なり合って、古の渾沌に連なっていく。

令和二（二〇二〇）年、新型コロナウイルス（COVID-19）のパンデミック（世界的流行）は、昭和三十九（一九六四）年以来、二度目の開催を予定していた東京オリンピック・パラリンピックを一年間の延期にさせた。こうして、令和三（二〇二一）年、賛否両論渦巻くなか、未だ終息の萌しも見えぬまま東京二〇二〇の両大会は、ウイルスの感染拡大防止対策に基づき、無観客で開催された。何のためのオリンピック・パラリンピックなのかと逡巡しながらスタートラインに立つ選手も多かったという。それでも、選手たちは陰と陽との間で淡々と一瞬の今をつないでいった。

選手たちが、遥か遠くに思い描いた未来の夢は、あっという間に過去となる。その一瞬が過ぎ去った夢の場に、歓喜する人々の姿があるならば、そこには金メダル獲得や記録更新など、各々の心願の成就を祝福する空気で満ちていたはずである。しかし、多くの選手はなにがしかの僅かな隙を生じ、刹那に夢破れていった。それにも拘らず、失意泰然として、自らを省察し、積み重ねた己の経験を後人に託し、その後人の未来の瑞光を予祝する選手たちもいる。ロンドン・リオデジャネイロ五輪で、個人総合二連覇を達成した体操の内村航平選手もその一人である。東京で内村が苦杯を喫した鉄棒と、さらに、個人総合でも、新たな金メダリストになったのが内村の背中を見てきた橋本大輝選手であった。橋本も優勝直後のインタビュー（NHK）で、〝今の状態に満足せずに、もっと高みを目指していきたい〟と、既にその先を見据えていた。

フィギュアスケートの羽生結弦選手は、今年の北京五輪で大会三連覇を逃すも、史上初の四回転半ジャンプに挑んだ。羽生の美しくも果敢な姿勢は後続の感情を誘起させ、多くの人々の記憶に刻み込まれた。一方、東京五輪のスケートボードと二足の草鞋で北京に臨んだスノーボードハーフパイプの平野歩夢選手は、最後まで攻めの姿勢を崩さず、縦三回転・横四回転の〝トリプルコーク1440（フォーティーンフォーティ）〟を五輪史上初めて成功させ、ソチ・平昌五輪の連続銀を越え、念願の金メダルを獲得した。平野はジャッジの低得点に怒りを覚え、それを力に変えての逆転劇を演じた。その真骨頂は優勝に帰結せず、自身の疑義を放置せず〝いのちを張って、リスクを背負って競技をしている〟選手と未来の競技のために、恣意的で曖昧な採点基準を整理するよう問題を提起したことであろう。スピードスケートの高木美帆は五種目に出場し、三種目で銀、最後の千メートルでは一分一三秒一九の五輪新記録で金メダルを獲得した。コンマを争う競技が連続するなかで、自分を信じ、タフに勝ち抜く強い眼差しが印象深かった。

　コロナ禍の憂鬱な日々に、幾筋もの光明を差してくれたのは、オリンピック・パラリンピックばかりではない。米大リーグ野球で投打二刀流の活躍を見せ、二〇二一年度のMVPに輝いたエンゼルスの大谷翔平選手もそうである。大谷の人気は野球技術や、クールかつカワイイ風貌に止まらず、既成概念を覆していくひたむきな信念や、ぶれず気負わぬ人間性が醸し出す心地よさも含まれている。

　平成三十（二〇一八）年四月八日の対アスレチックス戦で、完全試合達成を目前で阻まれた大谷は、試合後の記者会見で、「ヒットを打たれてないのは知ってましたけど、完全試合をしようという感じはなかった。むしろいつ（ヒットが）出るか待っていた。出た時にどう気持ちを整理して次のバッターにしっかり向かっていけるかが大事[1]」と、語った。これに続けて、大谷はヒット後のバッターにフォアボールを出したことを反省している。

　つまり、大谷は自身が好調な状況にあっても、苦境に立たされたとき、精神的に崩れないように、常に先を見越して、気持ちを整えた。選手にとって、こうした精神統一は当然のことなのかも知れない。ただ、過去の反省を未来につなげていくという一見単純な作業を、実戦のなかで瞬時に熟《こな》し、それを言葉化していくことは決して容易なことではない。過去の経験から、先を見越していく姿勢、特に感情に任せると損をするという教訓は、徳川家康の遺訓にも共通している。

「東照公御遺訓」によれば、「人の一生は重荷を負て遠き道をゆくが如し　いそぐべからず　不自由を常とおもへば不足なし　こころに望おこらば困窮したる時を思ひ出すべし　堪忍は無事長久の基いかりは敵とおもへ　勝事ばかり知てまくる事をしらざれば害其身にいたる　おのれを責て人をせむるな　及ばざるは過たるよりまされり(2)」と、ある。この遺訓には、『古事記』に記された〝稽古照今〟の姿勢が窺える。古が帰結する今のなかには、未来への希望も含まれている。その一方で、今は瞬く間に古になる。つまり、古に鑑みて、今を照らし、今を自覚することこそが、時を未来につなげることになる。

『古事記』の〝稽古照今〟は古から今に帰結する時間構造である。ただし、時の流れは単線ではない。心願の未来の夢は瞬くうちに現実となり、その一瞬の今を経て、過去の栄光へと霞んでいく。これは未来から過去へと流れる時間構造である。また、『日本書紀』冒頭の「古天地未剖」〝古の天地が未だ分かれていなかった時〟には、帰結すべき今現在という視点が曖昧である。ただし、過去・現在・未来が同時に存在する四次元時空においては、今が無限に存在するため、今とは何時かが分からなくなる。したがって、人間が捉える時間は心象によって、その心持ちによって、融通無碍にして変幻自在に解釈できる。

物理学者の大栗博司は理論の破綻について、「そこに『知らない世界』がある証拠」と、指摘し、「その世界を知るためには、既存の理論を拡張して、新たな理論を構築しなければいけません。それによって、従来よりも普遍的な理論を手にすることができるのです」(3)と、いう。つまり、物理学者にとって、理論の破綻は大きなチャンスになるという。これにより、理論が破綻を来しても、既存の理論を鑑み、新しい理論を築けるならば、物理学に基づく宇宙の謎の解明においても、稽古照今の姿勢が生きているということになる。

本書では、日本最初の官撰国史とされる『日本書紀』に記された「古」「未」「渾沌」「牙《きざし》」を拠として未生已生の〝国常立尊〟を考察し、加えて、『続日本紀』宣命に謳われた〝中今〟の思想を手掛かりとして、未だ来たらざる未来が、一瞬の今を経て、古の過去に連なっていく時の移ろいを、照査した。

本書は『日本書紀』や『続日本紀』の文献解釈を中心に展開するが、時間構造という難解なテーマに嘗試したため、時系列を前後して、時間論の要点を繰り返し説きながら、日本の古典解釈にアプローチしていく。なお、本書では、理論物理学など自然科学の用語を多用したが、これらはすべて数式を問う類ではなく、科学者の言説から導き出された思想（文献史料）として扱った。

第一章では、アウグスティヌスの〝永遠の今〟、ニーチェの〝永遠回帰〟、エリアーデの〝永遠回帰の神話〟、西田幾多郎の〝（絶対）矛盾的自己同一〟、華厳経の〝一即多（多即一）〟など、西洋のキリスト教的信頼と疑念、そして、東洋の仏教的包摂と矛盾に基づく様々な時間論に触れ、既に存在しない過去の記憶と、未だ存在しない未来の予見との狭間で移ろう一瞬の今や、円環的に循環する時間の捉え方を照査した。

第二章では、一瞬の今を強調する三次元主義（現在主義）、さらに、過去・現在・未来の同時存在を強調する四次元主義（永久主義）に着目した。こうした四次元時空においては、今という基準が不確定になり、時の移ろいが、先・後という前後関係のみで認識される。こうした認識を踏まえ、『日本書紀』の冒頭に記述された「古」「未」「陰陽」「渾沌」「牙《きざし》」などの言葉を端緒として、古の渾沌が表す〝未生〟の意味を考察した。なお、『日本書紀』冒頭の文章には、今という視点の強調はなく、未来の一時点とされる天地陰陽の分化が、既に完了（既に経験、未だ継続）している未来完了の状態であることに注目した。

第三章では、『日本書紀』に記された「渾沌」をより深く理解するため、江戸時代初期の神道家吉《よし》川惟足《かわこれたり》が示した国常立尊《クニノトコタチノミコト》解釈に焦点を当てた。惟足は〝未生已生〟の思想を用い、国常立尊の化生前後を境に、この神を〝未生の国常立尊〟と〝已生の国常立尊〟とに分化する。さらに、その〝未生〟の国常立尊と〝渾沌〟〝太極〟とを同一視する。惟足は国常立尊発現以前と、国常立尊発現以後の境界を結ぶものが〝天人一致〟〝天人合一〟〝神人合一〟の境地と説く。その境地は自身を遡及して辿り着く古の渾沌を思念し、その渾沌と自身との心の感応によって得られるという。つまり、古の渾沌も万物も神々も人々も同じ気（牙《きざし》）によってつながり、一体であったため、人々の心は神々と感応し得ると惟足は考えた。なお、この章は拙著『吉川神道思想の研究　吉川惟足の神代巻解釈をめぐって』

を参考とした。

第四章では、『続日本紀』宣命に記された「中今」について考察した。中今とは過去からの流れを一瞬の今に帰結させ、今に至る現実を強調する言葉である。これにより、「中今」の「中」とは「今」という体言を強調する連体修飾語であり、「中今」も〝ただの今〟あるいは〝真っ只中の今〟という意味になる。また、古典に記された今を再考察するため、『続日本紀』と同時代成立の『万葉集』から、今を礼讃する詠歌に触れ、続けて、百有余年後の『古今和歌集』から、時の移ろいを感傷する詠歌に触れた。さらに、卜部（吉田）兼好の『徒然草』から、今を問う概念に触れ、加えて、北畠親房の『神皇正統記』冒頭部から、無窮と永遠との相違を端緒として、皇統における正統性が血統の純一性にある事実をめぐり、正統の無窮性が一瞬の今に収斂されるという解釈を考察した。

第五章では、山田孝雄《やまだよしお》の中今論に則して、中今の意味が〝ただの今〟から〝永遠の今〟さらには〝天壌無窮〟〝万世一系〟をも凌駕する思想へと膨らんでいく過程を考察した。山田は規範学的姿勢をもって、日本精神のあるべき姿を模索し、中今の思想を構築した。これにより、山田は天壌無窮や万世一系をも凌駕する中今という言葉（詞）を用いて皇統護持を主眼とする国体精神の陶冶を試みた。これに対し、西田長男は山田の言説に滲む信念を〝二度と思い出したくないような〟〝国民の思想統一〟の〝亡霊〟と指弾した。西田長男は記述学の姿勢に基づき、客観的に〝中今〟をめぐる諸文献を検証する。しかし、その西田長男でさえ、中今の〝中〟の解釈を中世という歴史区分の一つと主張し、しかも、そうした理解を〝常識〟と断言した。常識という主観を前提とする検証は、もはや記述学的姿勢とは乖離する。西田長男が客観的文献実証の姿勢を崩してまで、露にした信念とは、〝中今〟という言葉を戦前の国体論に巻き込んだ山田に対する怒りだった。

歴史を学ぶとは単に教科書や年表を眺めることではなく、史料を読み解き、古の事象を感じ取り、それを今に照らし、未来を見通すものである。ただし、史料に記述されているのは過去の事象である。そうであるならば、歴史は過去、過去は記憶、記憶は心象である。したがって、その是非に及ばず、人文科学である歴史とは、もはや知ることではなく、信じるものだと諦観することにより、巷の歴史問題の概要は今より得心できるのかも知れない。私が憂慮していることは、多様な視点に寛容であるべき歴史解釈が、周期的にめぐり来る政治的、感情的、あるいは、教条主義的強要によって、一元的に合理化され狭量化されていく社会である。

註

（1）飯山晄朗『勝者のゴールデンメンタル』大和書房、二〇一八年、一〇二、一〇三頁。この大谷選手の会見は、米国の名物コラムニストのジョセフ・ディポリートの「前代未聞のメンタリティ」として話題になったという。

（2）「東照公御遺訓」は、「東照宮御遺訓」「御遺訓」として世に広く流布し、漢字や送り仮名表記が様々である。本書は日光東照宮、久能山東照宮の「東照公御遺訓」を参考にした。

（3）大栗博司『重力とは何か　アインシュタインから超弦理論へ、宇宙の謎に迫る』幻冬舎、二〇一二年、四七、四八頁。

第一章　永遠の今

西洋（キリスト教）の時間構造

キリスト教における時間構造とは、おおむねどのように捉えるべきなのだろうか。『旧約聖書』「創世記」の冒頭は、「はじめに神は天と地とを創造された。地は形なく、むなしく、やみが淵のおもてにあり、神の霊が水のおもてをおおっていた[1]」と、起筆される。次に、「神は『光あれ』と言われた。すると光があった。神はその光を見て、良しとされた。神はその光とやみとを分けられた。神は光を昼と名づけ、やみを夜と名づけられた。夕となり、また朝となった。第一日である[2]」と、続いていく。これによると、神は時間を含めた世界のすべてを創造した。したがって、この神は創造主としての超越的唯一絶対の神ということになる。『旧約聖書』「創世記」が天地創造のはじまりであるならば、『新約聖書』の最後「ヨハネの黙示録」には、イエス・キリストの再臨、最後の審判という終焉が展開される。こうした聖書の時間構造は円環的な反復性を語るものではなく、過去の事象の天地創造からはじまり、未来の事象の最後の審判を経て、新たなる天地（異なる世界）へと向かう直線的な一回起性を示している。「ヨハネの黙示録」第一章の第一から三節には、以下のように記されている。

> イエス・キリストの黙示。この黙示は、神が、すぐにも起こるべきことをその僕《しもべ》たちに示すためキリストに与え、そして、キリストが、御使をつかわして、僕ヨハネに伝えられたものである。ヨハネは、神の言《ママ》とイエス・キリストのあかしと、すなわち、自分が見たすべてのことをあかしした《ママ》。この預言の言葉を朗読する者と、これを聞いて、その中に書かれていることを守る者たちとは、さいわいである。時が近づいているからである。(3)

黙示とは、神がイエス・キリストに啓示した未来の預言である。ちなみに、イエスとは、ナザレのイエスを意味する個人名であり、キリストとは、神が遣わした救い主（メシア・救世主）を意味する尊称である。このイエスをキリストと認めるのがキリスト教である。

「ヨハネの黙示録」によれば、度重なる災害に見舞われ荒廃した世界にイエス・キリストが現れ、サタンを封印し、信仰深い人々を復活させ、幸福な千年間を迎える。その後、サタンは獄から解放されるが、最終戦で滅ぼされる。再臨したイエス・キリストは死者を復活させ、最後の審判を行う。蘇った人々は天国と地獄に振り分けられ、天国に行く人々は新しい天地において、永遠のいのちを得る。

ここでの預言は、未来の出来事が既に起こっているという未来完了の状態で記され、漠然とした未来の予見に重点が置かれている。したがって、「ヨハネの黙示録」には、天使がラッパを吹く時、つまり、最後の審判が開かれる具体的な年月日は記されていない。いつ起こるか分からないからこそ、『聖書』では今現在の生き方を見つめ、確りと正しい信仰生活を送るように促すのである。「創世記」から「ヨハネの黙示録」に至るまで、『聖書』の時間構造には、直線的な一回起性を示す一連の流れがある。したがって、『旧約聖書』『新約聖書』ともに、『聖書』の時間構造における三次元主義的現在主義的な側面を窺うことができる。

キリスト教徒の人々は、この世界を創造したのは神だと信じる。したがって、神の遣わせたキリストの来臨はあっても、神は我々の住むこの世界に内在せず、異次元の世界に外在し、この世界の過去・現在・未来すべてを同時に俯瞰していることになる。これがすべてを観測し得る唯一絶対の神の視点である。ただし、神の視点という考え方は三次元主義的現在主義とは馴染まない。黙示録において、いのちの永遠性を与えられ、新しい天と新しい地に向かう人々は、この世界を離れ、時空を超えた異次元の展開に立ち会うという解釈も可能である。つまり、キリスト教の時間構造には、四次元主義的永久主義や量子力学に基づく多元宇宙論（マルチバース）など、理論物理学との親和性を有する余地がある。

アウグスティヌスの永遠の今

誰しも〝時間の流れ〟〝一瞬の今〟をこころに思い描くことができる。しかし、それを言葉として上手く伝えることができない。キリスト教徒の聖人アウグスティヌス（三五四〜四三〇）ですら、「時間とはなんであるか。だれもわたしに問わなければわたしは知っている。しかし、だれか問うものに説明しようとすると、わたしは知らないのである」(4)と、時間論の虚しさを告白している。

物理学のインフレーション理論やビッグバンといった始源の一時点以前に何もない、あるいは、それ以前には時間が存在しないという論理の展開は、この世界を創造した超越的唯一絶対神を信奉するキリスト教の価値基準において、類似した解釈を生み出している。アウグスティヌスは神が時間を創造する以前に、時間の経過はなかったと考え、「時間そのものもあなたが造られたのであり、あなたが時間を造られる以前には時間が過ぎ去るということもなかった……」(5)と、いう。アウグスティヌスのいう〝あなた〟とは、時間をも含め、この世のすべてを創造したイスラエル固有の超越的唯一絶対神ヤハウェである。

アウグスティヌスは神に対して、「あなたはつねに現在である永遠性の高所にたって、すべての過ぎ去ったものにさきだち、すべてのまさに来らんとするものを凌駕されるのであるからである。……あなたの年は恒常不変であるから、すべてが同時に存在している。……あなたの今日という日は永遠性である」[6]と、いう。絶対である神は、自ら創造した時間を超越し得る。したがって、神は我々と同じ次元には内在せず、我々と同じ時間を共有することもない。神は我々とは別の次元に外在し、我々の世界を俯瞰していることになる。確認すべきは、神の恒常不変性や永遠性に加え、神がすべての時間に同時に存在するということ、つまり、ここには神における永遠の今が示されているのである。こうした世界の捉え方は過去・現在・未来が同時に存在する四次元主義（永久主義）や、華厳の一即多を彷彿とさせる。

アウグスティヌスは過去・現在・未来の時間について、「なにものも過ぎ去るものがなければ、過去という時間に存在《ママ》せず、なにものも到来するものがなければ、未来という時間は存在せず、なにものも存在するものがなければ、現在という時間は存在しないであろう」[7]と、いう。アウグスティヌスは既に過ぎ去りし過去と未だ来たらざる未来、そして、過去と未来の間で確固として存在する現在という三つの時間構造を提示する。さらに、アウグスティヌスは過去と未来に挟まれた現在という時間の捉え方について、「過去と未来とは、過去はもはや存在せず、未来はまだ存在していないのだから、どのように存在するのであろうか。また、現在もつねに現在であって、過去に移りゆかないなら、もはや時間ではなくして永遠であるであろう」[8]と、いう。〝過去はもはや存在せず〟〝未来はまだ存在していない〟つまり、アウグスティヌスは過去も未来も存在しないという。現在も一瞬の今の連続であり、それが過去へと移ろう（変化する）ものでないならば、もはやそれは時間ではなく永遠になるというのだ。これがいわゆるアウグスティヌスの〝永遠の今〟である。

アウグスティヌスは〝時間の長短について〟「存在しないところのものは、どのようにして長く、あるいは短くあることができるのだろうか。じっさい、過去はもはや存在せず、未来はまだ存在しないからである[9]」と、時間の長さに疑問を呈し、存在しない時間に長いも短いもないという。そして、存在しない過去と未来の境界にある今現在について、「……大急ぎで未来から過去に飛び移るのであるから、束の間も伸びていることができない。もし少しでも伸びているなら、それは過去と未来とに分かたれるであろう[10]」と、いう。既に存在しない過去も、未だ存在しない未来も、共に存在しない二つの時間は、存在しないものでありながら、確固とした幅をもって我々に認識されている。しかし、確実に存在しているはずの現在は未来から過去へと一瞬にして移ろい去る。アウグスティヌスはこうした心許ない今現在の刹那を強調する。

アウグスティヌスの過去と未来の考察は続く。まず、過去については、「わたしたちが過去を真実に語るとき、記憶から過ぎ去った事物ではなく、それらの事物の心象から考えられた言葉が取り出されるのである[11]」と、いう。さらに、「少年時代は、過去という時間のうちにあって、その過去はもはや存在しないのであるが、しかしその心象はわたしが少年時代を回想して語るとき、現在という時間において見られるのである。心象はわたしの記憶のうちに存在するのである[12]」と、いう。アウグスティヌスは我々の記憶のなかに存在する過去の心象は、過去の事物ではなく、現在という一瞬の時間のなかで構築された再生だという。つまり、過去の記憶として思い出される心象は過去ではなく、現在なのである。

次に、未来についても、「わたしたちが予想する行為は未来のものであるから、まだ存在しない。しかし、わたしたちがその行為にとりかかり、予想していたことを始めるとき、そのときかの行為は存在するようになるであろう。それはそのとき未来ではなくして、現在であるからである[13]」と、いう。我々が未来の行為を予想したとき、それは既に未来ではなく、過去になっている。直近の未来は過去と同様に、現在という一瞬の今に見る心象ということになる。

既に存在しない過去と、未だ存在しない未来。そして、これらの間に存在する刹那的一瞬の現在という三つの時間構造のうち、アウグスティヌスにとって存在する時間として認識できるのは、移り行く刹那的一瞬の今のみなのである。これらはすべて三次元主義的現在主義であり、さらには現在至上主義ということもできる。

アウグスティヌスは三つの時間区分について、「過去のものの現在、現在のものの現在、未来のものの現在が存在するというほうがおそらく正しいであろう[14]」と、述べ、過去・現在・未来をすべて現在に措定する。そして、「過去のものの現在は記憶であり、現在のものの現在は直覚であり、未来のものの現在は期待である[15]」と、いう。アウグスティヌスは〝過去のものの現在〟〝現在のものの現在〟〝未来のものの現在〟をそれぞれのこころに存在する記憶・直覚・期待とする。

繰り返すが、アウグスティヌスにとって存在する時間は移ろう刹那的一瞬の今のみである。この基本理念に立つならば、「過去、現在、未来が存在するといってもよいであろう。……未来のものも過去のものも今は存在しないということが諒解されているかぎり、かまわない[16]」のである。アウグスティヌスは過去、現在、未来が存在するといい得るための条件として、未来も過去も今は存在しないという前提を付帯事項として明記する。

こうして、時間の認識は心象として今現在に展開するこころの問題となっていく。過去や未来は存在せず、こころのなかで再生される記憶や期待に過ぎず、加えて、瞬く間に過ぎ去る現在も、その存在を直覚（認識）するには実に心許ない。これにより、アウグスティヌスは魂において時間を測り、「魂は期待し、知覚し、記憶する。そして魂が期待するものは、知覚するものを経て記憶するものに移ってゆくのである。……未来のものの期待はすでに魂のうちに存在するのである。……過去のものの記憶はなお魂のうちに存在するのである」[17]と、いい、続けて、「知覚は持続し、それを経て将来存在するものがもはや存在しないものとなるのである。それゆえ、存在しない未来の時間が長いのではなく、長い未来とは長い未来の期待であり、また存在しない過去が長いのではなく、長い過去とは、過去の長い記憶なのである」[18]と、いう。

時間を存在として直覚できるのは刹那的一瞬の今のみである。知覚できる過去は現在の過去の記憶であり、知覚できる未来は現在の未来の期待である。これらは共に人それぞれの魂のうちに存在する。魂のうちに知覚は持続して、未来の期待は過去の記憶へと移ろう。つまり、重なり合う現在は、魂（心象）のなかで永遠の今としてつながっていくのである。

哲学者ルードヴィッヒ・ウィトゲンシュタイン（一八八九〜一九五一）は、『論理哲学論考』のなかで、永遠について、「永遠を時間的な永続としてではなく、無時間性と解するならば、現在に生きる者は永遠に生きるのである」[19]と、いう。過去・現在・未来という時間をめぐる変化を無視し、無時間性の立場で静止することができるなら、現在を生きる主体が認識する今は意味を失い永遠になる。つまり、時間の流れという因果律を失った無時間の世界では、すべてが一瞬の今となり、一瞬の今が永遠に連なる。

キリスト教文化圏においては、時間は神が創造したものとされ、そのキリスト教の神は我々と同じこの世界には内在しない。ウィトゲンシュタインは、「その永遠の生もまた、現在の生と何ひとつ変わらず謎に満ちたものではないのか。時間と空間のうちにある生の謎の解決は、時間と空間の外にある」[20]と、いう。そして、「世界がいかにあるかは、より高い次元からすれば完全にどうでもよいことでしかない。神は世界のうちには姿を現しはしない」[21]と、いう。無時間により今は永遠になる。ただし、問題は、ウィトゲンシュタインが時間も空間も、神の前においては不可知としていることである。神は人間とは異なる高次元に外在し、そこから、我々の世界の過去・現在・未来を同時に俯瞰している。因果律を失った世界では、今、現在を問う意味もなさなくなる。したがって、無時間の世界では今が永遠になる。ウィトゲンシュタインの神に対する絶対的信頼はここに明らかになる。だからこそ、ウィトゲンシュタインは高次元の神がこの世界に姿を現すことがないと断定できるのである。当然、ウィトゲンシュタインに超越的唯一絶対神に抗う姿勢などあろうはずもない。

ニーチェの永遠回帰とエリアーデの永遠回帰の神話

ギリシャの神々を庇って、キリスト教的唯一絶対神に抗い疑念を抱いたのが哲学者フリードリヒ・ヴィルヘルム・ニーチェ（一八四四〜一九〇〇）である。『ツァラトゥストラはこう言った』に記された「神は死んだ[22]」、あるいは、「すべての神は死んだ。いまや、わたしたちは超人の生まれることを願う[23]」はよく知られた文句である。

この小説では「神」と「神々」という主語（主格）が混在している。これらは単に神の単数形と複数形の違いということには止まらない。つまり、「神」とは超越的唯一絶対神を意味し、ユダヤ教、キリスト教、イスラム教に共通する『旧約聖書』に記された全知全能の神である。一方、「神々」とは個別的多種多様な神々を意味し、ギリシャの神々を指す。一神教に対する多神教という意味では、ヒンドゥー教や神道の神々も同様に捉えられる。ニーチェは主人公ツァラトゥストラの口を借りて、個別的多種多様な多神教の神々から、唯一絶対の超越的一神教の神を経て、高貴な個人たちによる超人らの登場を待望する。

主人公の〝ツァラトゥストラ〟によれば、「古い神々は、もうとっくに、かたがついた。——それにしてもかれらは、めでたい、愉快な最期をとげた！[24]」と、いう。そして、「神々は『たそがれ』て、亡びたのではない、——あれは嘘だ！　そうではない、かれらは笑いこけて——死んだのだ[25]」と、神々の最期の様子を語る。

　それでは、多くの神々はなぜ死んだのか。その発端は、「年老いた、髯のある怒りの神、ねたみ深い神[26]」による一神に対する信仰の強要だった。つまり、その神は「それは、神のひとりによって、このうえなく神らしくないことばが発せられたときに、起った、――『神はただひとりである！　あなたはわたしのほかに、なにものをも神としてはならない』――[27]」と、いうのである。ここに描かれているのは多様性に寛容で大らかな多神教的価値と、教条的で傲慢な一神教的価値との対峙であった。この一神教の神に対し、「すべての神々は大笑いし、椅子をゆすぶって叫んだ、『神々はある。しかし、ただひとりの神などいない。それでこそ神聖なのではないか？[28]』」と、いう。

　こうして〝すべての神は死んだ〟つまり、信仰の対象は数多の神威の幸《さきわ》う古代ギリシャの神々から、聖書に示された創造主たる唯一絶対的全知全能の超越神へと収斂されていく。これにより、個別的に多様な能力を擁し、不完全ではあるが寛容で大らかなギリシャの神々の死が明らかにされる。しかし、ニーチェは〝神々〟ではなく〝神は死んだ〟と、記している。つまり、神々が死んだとき、同時に、ニーチェにとっての〝神は死んだ〟のである。このため、ニーチェは〝すべての神は死んだ〟と記す。ニーチェが待望するのは超越的唯一絶対の〝神〟ではなく、高貴な個人たちによる〝超人〟となる。

　〝ツァラトゥストラ〟によれば、神の死後に生まれ来ることが待望される〝超人〟の端緒について、「わが兄弟たちよ、新しい貴族が必要なのだ。すべての賤民とすべての暴力的な支配者に対抗し、新しい石の板に、新しく『高貴』ということばを書く貴族が[29]」と語りはじめる。さらに、〝多くの高貴な個人たち〟について、「およそ貴族がなりたつためには、多くの高貴な個人たち、多種多様な高貴な個人たちが必要だからである！あるいは、わたしがかつて用いた比喩で言えば、『神々はある。しかし、ただひとりの神などいない。それでこそ神聖なのだ！』(30)」と、示してくる。〝高貴〟とは一元的絶対的な価値の強要ではなく、多種多様な個々の価値を尊重できる多くの個人たちであり、個々の多様性とそれに対する寛容な姿勢を相互に保ち得る多くの個人たちの穏やかな矜持である（ここでは政治的な合議制という解釈はしない）。ニーチェはこうした個人たちこそが〝超人〟たり得ると考えた。

『善悪の彼岸』のなかで、ニーチェはいう。「古代ギリシャ人の宗教心について驚異の念を起こさせるのは、そこに感謝が抑えがたいほど豊かに流露しているということである。――そのように自然と生との前に立つのは、極めて高貴な種類の人間だ！――後になって、賤民がギリシャで優勢になると、宗教のうちにも恐怖が蔓《はびこ》るようになる。そしてキリスト教が準備されたのである。――(31)」と。多様な神々が幸う古代ギリシャの高貴な個々人には、自然と生に対して、豊かに流露する感謝の念で溢れていたという。一元的絶対的な価値の強要は多様な生や自然と対立し、鷹揚な感謝の念を遠ざけ、宗教に恐怖を持ち込んだということになる。

ニーチェの語る〝永遠回帰（永劫回帰）〟はキリスト教的価値というより、漠然と東洋の〝輪廻〟を彷彿とさせる。生きとし生けるものは、死後に何度も転生する。これが輪廻である。何に生まれ変わるのかは生前の業（カルマ）によって決まるという。ただし、人々は輪廻の限りない再生の繰り返しを喜びとはせず、苦しみとした。こうした輪廻からの解脱に至らしめるのが悟りの境地である。輪廻とはサンスクリット語のサンサーラに由来するとされ、漢字では回転を繰り返す車輪の軌跡を意味する。

輪廻思想は古代インドのヴェーダ聖典を構成する哲学文献の一部をなすウパニシャドに、五火二道説として散見される。五火とは、死者が火葬されて後、①月へ赴き、②雨となって地上に戻り、③植物に吸収され穀物となり、④男に食われ精子となり、⑤女と交わり胎児となって生まれ変わる五段階の転生過程をいい、二道とは、生前の行為により、①死者が輪廻から解脱する神々の道と、②輪廻を繰り返す祖先の道という二つの道に分かれるとする輪廻思想をいう。ただし、ブラフマン（梵）とアートマン（我）との梵我合一の境地を輪廻の解脱に結びつけるなど、輪廻の解釈も様々である。こうした思想はバラモン教やヒンドゥー教に加え、ジャイナ教や仏教などの思想とも関連し合い、現代インドのみならず、東洋思想の特質の一端をなしている。しかし、生まれ変わりは輪廻思想にのみ限定されたものではなく、原始や古代の宗教、マニ教やグノーシス主義などにもこうした考え方が窺える。輪廻転生や永劫回帰の訳語とされるリインカーネーションの語源は、キリストにおけるイエスの再来を意味しているという向きもある。

それでは、ニーチェが説く永遠回帰とはいかなるものだったのか。『ツァラトゥストラはこう言った』のなかで、ニーチェは主人公の口を借りて「一切は行き、一切は帰ってくる。存在の車輪は永遠にめぐる。一切は死に、一切はふたたび花ひらく。存在の年は永遠にめぐる(32)」と語り、車輪の回転のように円環する永遠回帰に触れていく。ただし、永遠回帰が輪廻の車輪に結びつくからといって、ニーチェの説く永遠回帰は輪廻とは似て非なるものである。

ニーチェはいう。「一切は破れ、一切は新たにつぎあわされる。存在の同じ家が、永遠に建てられる。一切は別れ、一切はふたたび挨拶しあう。存在の環は、永遠におのれに忠実である[33]」と。さらに、「おのおのの瞬間に存在ははじまり、おのおのの『ここ』のまわりに『かなた』の球が回転する。中心はいたるところにある。永遠の道は曲線である[34]」と。

このように、ニーチェは曲線を描き円環する永遠回帰に触れていく。ここで重要なことは、ニーチェが永遠に回帰する円環を個々個別的に多様に展開すると考えたことである。ニーチェによれば、こうした円環する永遠回帰の回転の中心は、個々いたるところにあるという。しかも、その様は、類似する時間の繰り返しではない。ニーチェが説く永遠回帰とは、生まれ変わりなどではなく、一切の事物が細大漏らさずそっくりそのままの永遠回帰をいう。ツァラトゥストラの口を借りて、ニーチェはいう。「わたしは、永遠にくりかえして、細大漏らさず、そっくりそのままの人生にもどってくるのだ。くりかえし一切の事物の永遠回帰を教えるために[35]」と。

永遠回帰といっても、その一言ですべてが片づくものでもない。宗教学者のミルチャ・エリアーデ（一九〇七～一九八六）は神話の祖型と反復を拠として〝永遠回帰の神話〟を説いていく。エリアーデは月に対する普遍的な信仰に注目し、「月は死すべき被造物の最初のものであるが、また再生する最初のもの[36]」と、いう。エリアーデのいう月の死と再生とは、月の入りと出で表されている。いうまでもなく、太陽は陽、月は陰である。陰たる月が、その満ち欠けにより死と再生の象徴とされるならば、日没と日出を日々繰り返す太陽もそうであろうと思うのだが、エリアーデは「月が事実、時間を『はかる』のに役立ち、月の面が――太陽年の久しい以前に、しかもさらに具体的に――時間の単位（月）をあらわすのであるから、月は同時に『永遠の回帰』をあらわすのだ、ということを想起すれば十分である」(37)と、いう。

太陽と月の見た目の違いは、およそ一月で朔（新月）→上弦（半月）→望（満月）→下弦（半月）→朔と繰り返す月の周期的な満ち欠けである。これにより、エリアーデは「これらすべての宇宙・神話論的な月の観念において支配的なものは、以前にあったものの循環的再現、――一言にしていえば永遠回帰であることを注意したい(38)」と、いう。エリアーデは月の満ち欠けが永遠回帰を想起させたというのである。

ただし、一切の事物がそっくりそのまま細大漏らさず円環（循環）するような、ニーチェの説く永遠回帰とエリアーデの説く循環は、共通する主張なのか否かが未だ判然としない。エリアーデによれば、「あらゆる事物はあらゆる瞬間に、何度でもその初めからやり直す。過去は未来の予表である。いかなる出来事も一回起性のものではなく、どのような変化も最終的なものではない(39)」と、いい、さらに、「ある意味ではこの世には何事も新たに起らない、なぜならいずれの事柄も同じ太初の祖型にすぎないから、とさえいい得るであろう(40)」と、いう。ここでの矛盾は一回起性の否定と祖型の再現である。

エリアーデはいかなる出来事も一回起性のものはなく、新たに起るものもなく、ただ、太初の祖型を繰り返しているという。ただし、祖型を再現することと、同様の事象がそっくりそのまま円環することを混同すべきではない。エリアーデは「このくり返しは、その祖型的しぐさのあらわれたその神話的瞬間を再現することにより、つねにこの世を同じ太初の輝かしい瞬間に維持する」[41]と、いう。つまり、エリアーデのいう永遠回帰の神話とは、神話的瞬間としての太初の祖型を象徴的に再現することである。これにより、エリアーデは、「時間は事物の出現と存在を可能にするのみである。時間はそれ自身つねに再生せられるゆえに、存在に対して最終的な影響を持たない」[42]と、いい得るのである。

ニーチェのいう永遠回帰とは、始点も終点もない時間が輪を描くように円環的循環を繰り返すことである。ただし、前述のように、円環する輪の〝おのおのの瞬間に存在ははじまり、おのおのの『ここ』のまわりに『かなた』の球が回転する。中心はいたるところにある。永遠の道は曲線である〟と、いう。ここでニーチェは円環する輪の個別性を強調するのである。

一方、エリアーデのいう永遠回帰は太初の祖型となる神話的瞬間の象徴的再現といえる。そこに再現された神話は循環して永遠に回帰する。ただし、〝太初の祖型〟という始源的一時点を設定している段階で時間は円環ではなくなる。さらに〝時間はそれ自身つねに再生せられる〟というのであれば、ニーチェのように〝わたしは、永遠にくりかえして、細大漏らさず、そっくりそのままの人生にもどってくる〟という考えには至らない。

太初の祖型を繰り返すという神話的瞬間の象徴的再現は、あくまでも永遠回帰の神話であって、ニーチェのいう永遠回帰とは意味するものが違う。トポロジー（位相幾何学）により、点の連続的位置関係のみに注目すると、時間は螺旋状であろうと曲線であろうと、無限であろうとなかろうと、端と端とがつながった穴あきドーナツ状でなければ、直線的一回起性を示すものとなり、その時間は終始のつながった循環する円環的永遠回帰とはなり得ない。

東洋（仏教）の時間構造

「般若心経（大般若波羅蜜多経）」の一節、「色即是空。空即是色。受想行識亦復如是。[43]」の「色」とは〝物質的現象〟であり、「空」とは〝実体のない空性〟をいう。したがって、「色即是空。空即是色」とは、物質的現象に実体はなく、実体のないことが物質的現象ということになる。「受想行識亦復如是」については、「感覚も、表象も、意志も、知識も、すべて実体がない……[44]」と、さらなる空性が強調されている。

三法印といわれる〝諸行無常〟〝諸法無我〟〝涅槃寂静〟とは、仏教の基本理念を示す三つの旗印とされる。なかでも、あらゆる現象を無常とする〝諸行無常〟は〝刹那滅〟にも通じている。『顕揚聖教論』「成無常品」によれば、「当に諸行は皆刹那滅なるを知るべし」とある。これについて、仏教学者の早島理は「我々はこの刹那滅論が『刹那無常』として位置づけられていることに留意しなければならない[45]」と、いう。

存在は一瞬であり、瞬間的に生起し消滅する。これが刹那滅である。刹那滅は時間の存在を否定するものではない。古に存在したものは消滅し、今はないということである。したがって、一瞬の今は存在する。刹那的一瞬の今にのみ時間が存在するならば、仏教の時間構造は三次元主義における究極の現在主義ということになる。

ただし、刹那滅という一瞬の存在の生起と消滅は、量子力学における素粒子の対生成と対消滅を彷彿とさせる。無とされる宇宙のはじめ以前には、素粒子による対生成と対消滅が頻繁に繰り返されているという。つまり、無のなかにはなにがしかが瞬間的に生滅を繰り返しているということになる。このように、刹那滅は仏教と現代の理論物理学との親和性を示している。さらに、仏教の一即多をもって、非連続の一瞬を一瞬の非連続の連続として捉えると、その一瞬は移ろいながら永遠になる。仏教における時間構造は三次元主義的現在主義に止まらず、時空を超えた広大無辺な解釈を可能にする。

永遠の今と矛盾的自己同一と一即多

三次元世界に生きる我々が、存在として直覚できる時間は、刹那的一瞬の今のみである。しかし、その一瞬の今は認知すると同時に、あるいは、認知に至る以前に、既に古の過去になっている。したがって、一瞬の今は線ではなく、長さのない点として、その存在を認識しなければならない。今に幅があるならば、それは過去、あるいは、未来になってしまう。一瞬の今のその一時点以後は既に存在しない過去となり、一瞬の今のその一時点以前は未だ存在しない未来である。こうした古・今・未、あるいは、過去・現在・未来という時間構造は、存在として唯一認識できる一瞬の今を境として、その前後にそれぞれ伸びている。

哲学者の西田幾多郎(46)（一八七〇〜一九四五）は「瞬間は直線的時の一点と考えねばならない(47)」と、自らの時間論に触れる。ただし、その一方で、「時は直線的なると共に円環的でなければならない。時の背後に空間的なものがなければならない。時は現在が現在自身を限定すると云ふことから成立するのである(48)」と、いう。現在が現在自身を限定する時間に、空間を含めた時空間を意識して、時間を直線のみではなく、円環としても捉えるべきだというのである。直線は始点や終点を有するが、円環にはそれがない。西田幾多郎にとって、直線と円環は矛盾することなく共存するというのだろうか。素粒子が粒と波という異なった矛盾する性質を共有するように、絶対に結びつくことのない直線と円環とが時間構造において、同時に共存可能となるのだろうか。これは縦・横・高さ（奥行き・幅・高さ）という三次元空間において、時間として今現在のみが存在し、その一瞬の非連続の連続が直線的に移行していくと考える現在主義に加え、過去・現在・未来が同時に存在する四次元時空は、始点や終点のない円環する永久主義に近づき、永遠の今を描き出していくのだろうか。西田幾多郎は直線と円環、三次元と四次元、一瞬の今と永遠の今を結合するという矛盾をいかにして解消していくのだろうか。

西田幾多郎は「現在が現在自身を限定すると云ふことは、過去と未来とが現在に於いて結合し、絶対に結び付かないことが結び付くが故に矛盾的自己同一として、作られたものから作るものへと動いて行く。そこに時というものがあるのである(49)」と、いう。自己と他者、一と多、現在とそれを取り巻く過去と未来などを対照として、我々は一見自身と対立するような矛盾を、自身のうちに未分化のまま混在させている。こうして、自身のうちに含み込まれた〝絶対に結び付かないことが結び付く〟という矛盾が自己をして自己ならしめているのが矛盾的自己同一である。こうした矛盾は現在が現在自身を限定する時を解くカギになる。

『近代日本の右翼思想』のなかで、政治学者の片山杜秀（一九六三〜）は、西田幾多郎の絶対矛盾的自己同一に対し、「無限の過去と未来とが『絶対に結び付かないもの』として認識されるのは、主体が世界にその存在を限定され、生きた認識主体として定立される現在においてのみであり、その現在でこそ、無限の過去と未来とが出会っている」(50)と、いう。つまり、すべての時間が含まれた現在において、「『絶対に結び付かないもの』が結合してしまう。これは矛盾であり、この矛盾によって現在は、はじめて現在たりうる……」(51)と、解説する。

認識主体が現在として定立する現在においてのみ、ベクトルの異なる無限の過去と無限の未来は結びつき、現在それ自身のなかに含み込まれていく。主体が認識する一瞬の今という非連続の連続には、矛盾する結合が矛盾的自己同一として、今を今ならしめている。こうした思考が永遠の今を成立させていく。

さて〝瞬間は時の外にある〟というプラトンの指摘を踏まえ、西田幾多郎は、「時は非連続の連続として成立するのである。時は多と一との矛盾的自己同一として成立するということができる。具体的現在というのは、無数なる瞬間の同時存在ということであり、多の一ということでなければならない」[52]と、いう。時は一瞬一瞬の今が刻々と連なっていく非連続の連続である。その瞬間は一刻であり ながら、無数に重なり同時に存在している。つまり、これは一即多であり、多即一の〝矛盾的自己同一〟として成り立つことになる。

瞬間という時の同時存在について、西田幾多郎は、「時は現在において瞬間の同時存在ということから成立せねばならない。これを多の一、一の多として、現在の矛盾的自己同一から時が成立するというのである。現在が現在自身を限定することから、時が成立するともいう所以である」[53]と、いう。つまり、時の瞬間（今現在）は一即多・多即一として、同時に存在するという現在の矛盾的自己同一によって成立する。

さらに、西田幾多郎は〝個物的多〟を介して〝永遠の今〟に接近していく。「時の瞬間において永遠に触れるというのは、瞬間が瞬間として真の瞬間になればなるほど、それは絶対矛盾的自己同一の個物的多として絶対の矛盾的自己同一たる永遠の存在の瞬間となるというにほかならない」[54]と、いう。西田幾多郎は「時が永遠の今の自己限定として成立するというのも、かかる考を逆にいったものに過ぎない」[55]と、いうのである。

今現在と永遠の今について、西田幾多郎は、「……現在は多即一一即多の矛盾的自己同一として、時間的空間として、そこに一つの形が決定せられ、時が止揚せられると考えられねばならない。そこに時の現在が永遠の今の自己限定として、我々は時を超えた永遠なものに触れると考える」[56]と、いう。多と一との矛盾的自己同一によって、一瞬の今は数多に同時存在し、その数多の今が永遠の今を自己限定していく。

西田幾多郎が矛盾的自己同一において多用する一即多、あるいは、多即一とは、『華厳経』の中心概念とされている。その意味するところは字のごとく、一は多であり、多は一であること。個は全体に通じ、全体は個に通じることである。ただし、一即多の出典となる『大方広仏華厳経』(『華厳経』の正式名称)は、サンスクリット語の原典が一部(「十地品」「入法界品」)を除き未発見とされている。このため、華厳の思想は漢訳完本に依拠する。

『華厳経』の漢訳完本は、インド出身で東晋の訳経僧、仏陀跋陀羅《ブッダバッタラ》(三五九〜四二九)が訳した(『大方広仏華厳経』六十華厳、旧訳、晋経)と、西域ホータン出身で唐の訳経僧、実叉難陀《ジッシャナンダ》(六五二〜七一〇)が訳した『大方広仏華厳経』(八十華厳、新訳、唐経)との、旧訳と新訳の『華厳経』とされている。ちなみに、仏陀跋陀羅訳の『大方広仏華厳経』巻第八には、「若法起滅不起滅若有一相若異相若一即多多即一義味寂滅悉平等遠離一異顚」[57]と、記されている。

仏教学者の鎌田茂雄(一九二七〜二〇〇一)は『華厳の思想』のなかで、「『それぞれのなかにすべてがあり(一即多)、すべてのなかにそれぞれがある(多即一)』という『華厳経』の思想は、東洋の長い歴史のなかに生きつづけてきたのであるが、いまや新しい世界観として、われわれ人類の前に形を変えてあらわれつつある」[58]と、いう。鎌田はライプニッツの「モナドロジー(単子論)」を引き合いに出し、「ライプニッツのモナドロジーは、一つのモナド(元素)がある、そのなかに全宇宙が映し出されるという考え方だが、『華厳経』では一つの存在のなかにあらゆるものが映し出されるということを説く[59]」と、いい、一点のなかに世界が包摂されているというライプニッツと華厳の思想においても、確認すべき似て非なる差異のあることを指摘する。

鎌田は個人が営む社会生活において、「個人の一というものはけっして一だけでは生きられず、社会の多がないと生きられない。社会の多と個人の一というものは、たえず調和の関係にないといけない。もう少し実践的にいうと、これは助け合う関係でないといけない……[60]」と、いい、個人と社会、つまり、一と多の関係を一即多・多即一で説いていく。社会のなかに編成されている個人としての自己は、自己以外の他者と相互に影響し合って生きている。したがって、自己の自立や自足のみならず、相互の依存を許容する姿勢がなければ個人も社会も成立し得ないのである。

さらに、鎌田は「西田幾多郎博士は、この一を『全体的一』、多を『個別的多』と表現された。『全体的一の自己限定として個別的多が成り立つ』、あるいは『個別的多の自己限定として全体的一が成り立つ』というのである[61]」と、いう。鎌田は西田幾多郎の〝全体的一〟と〝個別的多〟という言葉を強調する。ここで注意すべきは、一が個別で多が全体なのではない。つまり、個々個別の一が集まって多となり、その多が全体をなす一となることではなく、一である全体が多である個別をなし、また、相対的に多である個別が一である全体をなしているという感覚が得られるか否かによって、一即多の解釈は変わってくる。一と多、全体と個別の関係はそれぞれ心象として相対的に表れてくる。

鎌田は「一即多について……、時間的にいえば一念のなかに永遠を見、空間的には一点のなかに全世界を包摂するということである[62]」と、華厳の一即多における時間論に触れる。これは一時点として存在する一瞬の今が一即多として永遠に及ぶということ、つまり、一瞬の今は不連続の連続として移ろいながら永遠の時間のなかに包摂される。こうして一瞬は相対化され永遠になる。

鎌田は「時間が円であるということがわかると、一念のなかに永遠をみるということがわかるわけだが、われわれの頭は自然科学的、常識的知性で埋められているので、時間は直線と考えてしまう[63]」と、いう。鎌田は時間を円環する永遠回帰だと認識するが、我々の〝自然科学的、常識的知性〟が時間を直線的に捉えさせるという。そして、鎌田は「過去があって、現在があって、未来がある、こんなものはどこにもない。あるのは今で、今があって瞬間に消えて、つぎがあるだけである。今があって、過去は記憶、未来は希望、何もないのである[64]」と、アウグスティヌスと同様の時間の構造を示すも、時間の流れは直線ではなく円環であり、直線的時間の流れは実在しないという。「ただあるところの直線的時間を推定して、それが実在していると思う。しかしそんな時代はどこにも実在していない。そういうふうに考えれば、ものはわかってくるわけで、これが一即多ということである[65]」と、鎌田はいう。実在の有無の捉え方も神儒仏のなかで少なからざる矛盾を含んでいる。

一即多

我々は目に見えるもの、名のあるものには実体が存在すると思い込みがちである。ただし、現実はどうであろうか。古代中国の陰陽論においては、物質の最小単位の気が活動し、陰陽という現象を起こし、やがて、万物の生成に至ったと考えた。現代においても、物質の構成要素となる最小単位を分子、原子、原子核、素粒子と細分化し、そこには気のような極微の粒がコロコロと実在していると考えてしまう。そもそも〝素粒子〟には〝粒〟と明記されているのだからそれも致し方ない。しかし、素粒子には粒としてのふるまいと、波としてのふるまいがあるという。さらには、質量のない弦（ひも）の振動（現象）ともいわれている。こうなると、実在の有無は遠い霞のなかである。量子論創始者の一人、物理学者マックス・プランク（一八五八〜一九四七）は既に、〝すべての物質は固有の振動数を持つ〟あるいは〝すべては振動であり、その影響である。現実に何の物質も存在しない。すべての物は振動で構成されている[66]〟との言葉を残していたという。

物理学者のフリッチョフ・カプラ（一九三九〜）は〝粒子が同時に波としてもとらえられる理由〟について、「素粒子のレベルでは、物体の存在している場所は厳密にはわからず、『存在する可能性』がわかるだけだ[67]」とし、さらに、「原子の世界で起こる事象は、厳密な時間も様子もわからず、『起こる可能性』しかわからない。量子では、こういった可能性は確率で表現され、数学的には波の式と同じ形をとる[68]」と、いう。このように、物質を構成する素粒子、あるいは、原子の姿は、我々が単純に想起できるイメージとはかけ離れ、実在する極微の粒として認識するには、あまりに不確定で抽象的に過ぎる。

カプラは粒子とも波ともいえない素粒子について、「音波や水の波のような『実在的な』三次元の波ではない。『確率の波』という波動性をそなえた抽象的な数学量であり、その波動性は、粒子を空間内の特定の点で特定の時間に発見できる確率を表している。原子物理学の法則はすべてこのように確立によって表現される」[69]と、いう。物質を極限まで細分化した気のような素粒子の実在とは、確立として表現される数学量ということなのだろうか。それはイメージとして、どのように捉えるべきなのだろうか。

さらに、カプラは「粒子の特質はその運動――周囲との相互作用――によって理解されるべきで、独立した実在としてはとらえられず、全体へ統合された部分と考えなければならないのである」[70]と、いう。カプラによれば、素粒子とは〝独立した実在〟ではなく〝全体へ統合された部分〟として捉えるべきものとされている。これが、多のなかの一、一のなかの多、一である全体のなかの多である個々。多である個々のなかの一である全体ということになる。

華厳の思想における一即多は、諸所に矛盾を含みながらも、アウグスティヌス、ニーチェ、ウィトゲンシュタイン、エリアーデ、西田幾多郎、カプラ、そして、数多の思想家や研究者をおおむね包摂していることになる。特に、華厳の思想の一即多は、多様な東洋思想の根幹をなす〝にがり〟のような役割を果たしている。これにより、華厳の一即多には、時空を呑み込むほどの広漠な包摂性があり、現代思想や哲学、さらには、理論物理学に至るまで、数多の学問領域に影響を与えている。カプラもその代表的な科学者の一人である。

このように、華厳の思想は仏教者のみならず、古来、数多の思想家、芸術家、科学者らによって信奉され、検証され、継承されてきた。ただし、華厳の一即多を無批判に敷衍して援用すると、こうした誤解や齟齬が華厳の思想のみならず、仏教が有する普遍性や包摂性を何でもありの無個性的欺瞞へと変容させる懸念もある。華厳の一即多がいくら深遠な思想であっても、なんでもかんでも一即多で完結させては、その教説も訝しくなる。たとえば、仏教用語で、衆生を教え導くための巧妙な手段とされる〝方便〟が、目的のために利用する便宜的手段と転用されて、〝嘘も方便〟として多用されているようなものである。功名も過ぎると疑念の対象にされることもある。

仏教学者の木村清孝（一九四〇〜）は「『一』と『多』、ないし、『一』と『全体』との一致の思想は、『華厳経』に限ったことではありません(71)」と断言する。これこそ『華厳経』をして『華厳経』ならしめる本来の姿勢である。

木村は華厳思想の特徴について、「その第一は『存在するものは、すべて心の表れである』……(72)」と指摘し、さらに、「『華厳経』は、まず第一に、私たちの常識に挑戦し、自己と自己を取り巻く世界の全体を心の表れとみなし、この見方に立って仏と私たち衆生とも一体であると論じ……(73)」ると、いう。これについて木村は「『華厳経』に従えば、他のすべての人びと、あらゆる事物・事象も仏たちさえも、私たち一人ひとりが描き出す画像に他ならない、……(74)」と、いう。木村が華厳の思想として、第一に掲げた特徴は〝存在するものは、すべて心の表れ〟とする見方、つまり、存在は心象だということである。ここで重要なことは、まず、こころの主体となる自己自身である。そして、木村は「一切のものを心の表れと見る『華厳経』の考え方は、そのような、徹底して自己自身とかかわるものとしての世界のあり方、主体的な世界の成り立ちを明らかにしている……(75)」と、いう。

さらに、木村は、『『華厳経』や唯識の教えによれば、私たちは誰もが自分の世界を自分でつくりあげ、それを生きる存在です。その意味では、私たち一人ひとりがかけがえのない固有の世界の創造者……[76]」なのだという。〝諸法無我〟として、我を無とし、すべてを実体なき因縁で説く仏教のなかで、華厳における自己の強調は矛盾するようにも思える。しかし、そうではない。強調されているのはこころの主体となる自己自身である。一切のものを自己のこころの表れとする華厳の思想において、自身を取り巻く世界の一切は、即、多である他の個々のこころの表れでもある。これが一即多である。一たる世界は多たる他の個々のこころの表れによってつくられている。ここに我の強調はない。あえていえば、華厳の特徴は個々の展開を認め、自らを徹底的に肯定するツァラトゥストラの主題とも通底している。

次に、木村は華厳の思想について、「第二の考え方は、つきつめていえば、『小が大であり、一つがすべてである』……[77]」と、いう。ここで木村は一即多の一、あるいは、一瞬の今という一時点から華厳の時間論に及び、その相対性、暫定性、そして可能性を説いていく。『大方広仏華厳経（六十華厳）』巻第九（「初発心菩薩功徳品」第十三章の「発心の功徳の章」）には、「知無量劫即是一念。知一念即是無量劫。知一切劫入無劫。知無劫入一切劫。欲悉了知過去未来際及現在一切世界劫数成敗故。発阿耨多羅三藐三菩提心[78]」との教説がある。木村はその一文を「無量劫即ち是れ一念なるを知り、一念即ち是れ無量劫なるを知り、一切劫、無劫に入り、無劫、一切劫に入るを知らんと欲し、悉く過去・未来際、及び現在の一切世界の劫数の成敗を了知せんと欲するが故に、阿耨多羅三藐三菩提心を発す[79]」と、改め、これを「無量の劫が一瞬間であり、一瞬間が無量の劫であり、一切の劫がゼロの劫に入り、ゼロの劫が一切の劫に入ることを知ろうとし、ことごとく過去・未来、および現在の一切の世界の劫数の増大と減少の様相を知り尽くそうと欲するので、無上のさとりへの心を発す[80]」と、訳す。

劫とはサンスクリットのカルパを音写した劫簸《ごうは》であり、天文学的に極端に長い時間を意味する。ちなみに、劫は古代インドの最長の時間単位とされている。劫簸の反意語が刹那である。したがって、華厳の思想において、劫とは刹那的一瞬の今であり、その一瞬の刹那がまた劫という永遠ともいえる長い時間を意味することになる。

木村は『華厳経』においては、具体的な事物や事象に関しても、時間に関しても個々のものを決して孤立した実体的な存在とは捉えず、あらゆる存在が他のすべて、ないし全体と限りなくかかわりあい、通じあい、はたらきあい、含みあっている……[81]」と、いう。これを木村は〝一滴の雫が大宇宙を宿し、一瞬の星のまたたきに永遠の時間が凝縮されている〟と、詩的に表現する。

木村は「私たちがともすれば動かしがたいもののように思い込んでしまう小と大、一と多、個と全体といった区別はまったく相対的・暫定的なものにすぎません。どれほど小さな存在にも他のすべてにかかわる大きなはたらきがあり、限りない力と価値が含まれている……[82]」と、いう。やはり、個々が一即多の要なのである。一である全体が多である個別をなすように、多である個別が一である全体をなす。このように、一と多や全体と個別の関係は固定化されるものではなく、心象として各々個別的に相対的に表れる。永遠が瞬間であろうと、その一瞬に無限の光明や可能性が含まれている。個のこころの表れによってつくられた華厳の広漠な世界観は理で解するより、こころで悟り感じるが勝るのかも知れない。

続けて、木村は『華厳経』で強調される思想の特徴について、「第三は、要約すれば、『始めが終りである』」[83]と、指摘する。木村は、『大方広仏華厳経（六十華厳）』巻第八（「梵行品」第十二章の「清らかな実践の章」）の一節「初発心時、便成正覚」[84]に基づき、これを「初めて発心する時、便ち正覚を成ず」[85]と、書き下し、「初めてさとりへの心を発すときに、たちまち仏のさとりを完成する」[86]と、訳している。初めてさとりを発心したときには、既にさとりは完成しているというのである。

これについて、木村は「『最初の一歩』が『初め』、『最後の一歩』が『終わり』に比定され、両者の関係をつきつめた形で表現したのが、『華厳経』の『初めは終わりである』の思想……」[87]と、いい、さらに、「『初心忘るべからず』ということばがありますが、『華厳経』はその初心のこの上ない大切さを宗教的観点からはっきりと提示しているといえる……」[88]と、いう。

木村は華厳の思想の特徴として、第一〝存在するものは、すべて心の表れである〟。第二〝小が大であり、一つがすべてである〟。そして、第三〝始めが終わりである〟以上の三点を挙げている。こうした特徴は、一見関連性のないと思われる西洋哲学や理論物理学などの科学全般に及ぶ親和性や共通性を窺わせ、そうした学問領域からのアプローチも多い。これもまた華厳が示す一即多の妙である。

時間が推移しなければ、止まった今が永遠になる。時間が推移するならば、時間を存在として認識できるのは一瞬の今のみであり、その瞬間の一時点である不連続の連続がつながって永遠の今をなす。

そのつながりが円環する時間であるならば、そこに永遠回帰の循環が見えてくる。こうした時間を一即多と見るならば、多と一との矛盾的自己同一によって、一瞬の今は数多に同時存在し、その数多の今が永遠の今を自己限定していく。自身のうちに包含された矛盾は自己をして自己ならしめる。

主体者たる自己と観測者たる他者、全体的一と個別的多、一瞬の今とそれを取り巻く過去と未来など、我々は自身と対立するようなものを、自身のうちに未分化のまま混在させて生きている。それは天地も陰陽も未分化であった古の渾沌のなかに、未だ何にもなっていない質料的な牙《きざし》が含み込まれているようなものでもある。

註

(1) 日本聖書協会編『聖書』「旧約聖書」日本聖書協会、一九五五年改訳、一頁。
(2) 同右、『聖書』「旧約聖書」一頁。
(3) 日本聖書協会編『聖書』「新約聖書」日本聖書協会、一九五四年改訳、三八六頁。
(4) アウグスティヌス著・服部英次郎訳『告白（下）』岩波文庫、一九七六年、一一四頁。
(5) 同右、『告白（下）』一一二頁。
(6) 同右、『告白（下）』一一二頁。
(7) 同右、『告白（下）』一一四頁。
(8) 同右、『告白（下）』一一四頁。
(9) 同右、『告白（下）』一一五頁。
(10) 同右、『告白（下）』一一七頁。
(11) 同右、『告白（下）』一二〇頁。

(12) 同右、『告白（下）』一二〇頁。
(13) 同右、『告白（下）』一二〇頁。
(14) 同右、『告白（下）』一二三頁。
(15) 同右、『告白（下）』一二三頁。
(16) 同右、『告白（下）』一二三頁。
(17) 同右、『告白（下）』一三八頁。
(18) 同右『告白（下）』一三八、一三九頁。
(19) ルードヴィッヒ・ウィトゲンシュタイン著、野矢茂樹訳『論理哲学論考』岩波文庫、二〇〇三年、一四六頁。
(20) 同右、『論理哲学論考』一四七頁。
(21) 同右、『論理哲学論考』一四七頁。
(22) フリードリヒ・ヴィルヘルム・ニーチェ著、氷上英廣訳『ツァラトゥストラはこう言った（上）』岩波文庫、一九六七年、一六頁。
(23) 同右、『ツァラトゥストラはこう言った（上）』一三三頁。
(24) フリードリヒ・ヴィルヘルム・ニーチェ著、氷上英廣訳『ツァラトゥストラはこう言った（下）』岩波文庫、一九七〇年、六六頁。
(25) 同右、『ツァラトゥストラはこう言った（下）』六六頁。
(26) 同右、『ツァラトゥストラはこう言った（下）』六六頁。ちなみに、ヒゲは生えた個所によって文字が限定される。〝髭〟は口髭。〝鬚〟は顎鬚。〝髯〟は頬髯である。したがって、この神は頬にまで髯が生えていたことになる。
(27) 同右、『ツァラトゥストラはこう言った（下）』六六頁。
(28) 同右、『ツァラトゥストラはこう言った（下）』六六頁。
(29) 同右、『ツァラトゥストラはこう言った（下）』一〇三頁。
(30) 同右、『ツァラトゥストラはこう言った（下）』一〇三頁。

(31) フリードリヒ・ヴィルヘルム・ニーチェ著、氷上英廣訳『善悪の彼岸』岩波文庫、一九七〇年、九五頁。
(32) 前掲の『ツァラトゥストラはこう言った（下）』一三二頁。
(33) 同右、『ツァラトゥストラはこう言った（下）』一三二頁、一三三頁。
(34) 同右、『ツァラトゥストラはこう言った（下）』一三三頁。
(35) 同右、『ツァラトゥストラはこう言った（下）』一三九頁。
(36) ミルチャ・エリアーデ著・堀一郎訳『永遠回帰の神話　祖型と反復』未来社、一九六三年、一一二頁。
(37) 同右、『永遠回帰の神話　祖型と反復』一一二頁。
(38) 同右、『永遠回帰の神話　祖型と反復』一一二頁。
(39) 同右、『永遠回帰の神話　祖型と反復』一一五頁。
(40) 同右、『永遠回帰の神話　祖型と反復』一一五頁。
(41) 同右、『永遠回帰の神話　祖型と反復』一一五、一一六頁。
(42) 同右、『永遠回帰の神話　祖型と反復』一一六頁。
(43) 中村元・紀野一義訳註『般若心経・金剛般若経』岩波文庫、一九六〇年、一〇頁。
(44) 同右、『般若心経・金剛般若経』一一頁。
(45) 早島理「刹那滅と常住説批判　『顕揚聖教論』「成無常品」を中心に」『長崎大学教育学部人文学科研究報告第39号』長崎大学教育学部、一九八九年、一七頁。
(46) 本書においては西田幾多郎と西田長男、また、佐藤仁、佐藤正英との混同を避けるため、姓名を略さず表記する。
(47) 西田幾多郎「絶対矛盾的自己同一」・上田閑照編集『西田幾多郎哲学論集Ⅲ　自覚について　他四篇』岩波文庫、一九八九年、九頁。
(48) 西田幾多郎「学問的方法」『教学叢書　第二輯』教学局、一九三七年、三四一、三四二頁。
(49) 同右、「学問的方法」『教学叢書　第二輯』三四一、三四二頁。

(50) 片山杜秀『近代日本の右翼思想』講談社、二〇〇七年、一六五頁。
(51) 同右、『近代日本の右翼思想』一六五頁。
(52) 前掲の「絶対矛盾的自己同一」『西田幾多郎哲学論集Ⅲ　自覚について　他四篇』九頁。
(53) 同右、「絶対矛盾的自己同一」『西田幾多郎哲学論集Ⅲ　自覚について　他四篇』十頁。
(54) 同右、「絶対矛盾的自己同一」『西田幾多郎哲学論集Ⅲ　自覚について　他四篇』十頁。
(55) 同右、「絶対矛盾的自己同一」『西田幾多郎哲学論集Ⅲ　自覚について　他四篇』十頁。
(56) 同右、「絶対矛盾的自己同一」『西田幾多郎哲学論集Ⅲ　自覚について　他四篇』十頁。
(57) 高楠順次郎編『大正新脩大蔵経〈第九巻（法華部・華厳部上）〉（普及版）』大正新脩大蔵経刊行会、一九八八年。また、『SAT大正新脩大蔵経テキストデータベース二〇一八版』参照。
(58) 鎌田茂雄『華厳の思想』講談社、一九八八年、三五頁。
(59) 同右、『華厳の思想』八六、八七頁。
(60) 同右、『華厳の思想』八八頁。
(61) 同右、『華厳の思想』八八、八九頁。
(62) 同右、『華厳の思想』九〇頁。
(63) 同右、『華厳の思想』九〇頁。
(64) 同右、『華厳の思想』九〇頁。
(65) 同右、『華厳の思想』九〇頁。
(66) 岩波書店編集部編『岩波科学百科』岩波書店、一九八九年、物理学辞典編集委員会編『物理学辞典』培風館・二〇〇五年、参考。
(67) フリッチョフ・カプラ『タオ自然学』工作舎、一九七九年、七九頁。
(68) 同右、『タオ自然学』七九頁。
(69) 同右、『タオ自然学』七九頁。

(70) 同右、『タオ自然学』九三頁。
(71) 木村清孝『華厳経入門』角川書店・二〇一五年（木村清孝『華厳経をよむ』日本放送出版協会、一九九五年を解題して文庫化）、一三六、一三七頁。
(72) 同右、『華厳経入門』一四頁。
(73) 同右、『華厳経入門』一六頁。
(74) 同右、『華厳経入門』一六頁。
(75) 同右、『華厳経入門』一六頁。
(76) 同右、『華厳経入門』一七頁。
(77) 同右、『華厳経入門』一六、一七頁。
(78) 前掲の『大正新脩大蔵経〈第九巻（法華部・華厳部上）〉（普及版）』。『SAT大正新脩大蔵経テキストデータベース二〇一八版』参照。
(79) 前掲の『華厳経入門』一九頁。
(80) 同右、『華厳経入門』一九頁。
(81) 同右、『華厳経入門』一九、二〇頁。
(82) 同右、『華厳経入門』二三頁。
(83) 同右、『華厳経入門』二三頁。
(84) 前掲の『大正新脩大蔵経〈第九巻（法華部・華厳部上）〉（普及版）』。『SAT大正新脩大蔵経テキストデータベース二〇一八版』参照。
(85) 前掲の『華厳経入門』二三頁。
(86) 同右、『華厳経入門』二三頁。
(87) 同右、『華厳経入門』二四頁。
(88) 同右、『華厳経入門』二四頁。

第二章　古の渾沌

無からの始源

諸説あるものの、現代物理学の一説によれば、約百三十八億年前、この宇宙は特異点という密度無限大の一点から急膨張（インフレーション）[1]してはじまったという。つまり、無の状態から指数関数的に急膨張を起こした宇宙は、約十のマイナス三十六乗秒から三十四乗秒という瞬間に灼熱状態となる。こうした一瞬の出来事がいわゆるビッグバンである。その膨張は温度を下げながら今もなお続いているという。やがて、宇宙は拡大から収縮へと転じ、その物質や時空も次元のない特異点へと収斂し、ビッグクランチという終焉を迎えるともいう。ただし、こうした一つの終焉は、循環する新たなサイクルのはじまりと理解する向きもある。これが宇宙の拡大と収縮を永久に繰り返すビッグクランチである。

このように、宇宙をはじまりのない永遠の循環と捉える説[2]もあれば、無を前提として、無からはじまる宇宙論も根強い。しかし、そうした無の世界にあっても、数多の粒子（素粒子）による消滅と生成が頻繁に繰り返されているという。こうした状態をなぜ無と捉えるのか疑問も残るが、そこには粒子と反粒子が飛び交っていて、それらの衝突による対生成と対消滅が繰り返されているという。こうした生滅の不均衡による生成の優位（素粒子の増加と反粒子の減少）がインフレーション後のビッグバンにつながっていくという向きもある。

『日本書紀』では、古の天地未生の渾沌のなかに含まれた牙《きざし》が、気として活動をはじめ、その気が動静して陰陽の交錯を起こし、最初の神である国常立尊《クニノトコタチノミコト》が陽気のみで化生する。この後、陰陽による男女対偶の神々が化生して、万物の生成へと展開していく。古の渾沌のなかには牙《きざし》が含まれているため、渾沌の世界は無ではない。ただし、渾沌に含まれた牙《きざし》が気としての活動をはじめ、それが陰陽という現象として広がっていく様は、宇宙以前の無の世界のなかで繰り返される素粒子（粒子と反粒子）による対消滅と対生成を彷彿とさせる。

実証に基づく計算結果を緻密に積み重ね、合理的かつ定量的に導かれた物理法則に対し、門外漢が不用意に抗う術はない。この世界の始源をインフレーションに続くビッグバンとするのであれば、こうした始源の一時点が物質や時空の起点と仮定することも重要な見識の一つになる。それゆえ、厳密な無の定義に固執しなければ、始源の一時点以前を無とする見解も成り立つのであろう。あるいは、世界は神が無から創造したことを与件とするならば、始源以前の存在を語る時点で、始源以前の存在を無とする前提が崩れてしまう。これにより、始源以前の存在に対する疑問は意味を失うことになる。

とはいえ、始源以前、あるいは、ビッグバン以前という言葉や表現が成り立つ以上、無のなかで現象する素粒子の対消滅や対生成も、始源それ以前という時空のなかで現象する実体的存在として見る見識もあるだろう。

古典の記述に引き寄せて考えるならば、陰陽不分の渾沌のなかに含まれる牙《きざし》が、気のような実体として存在し、その気が陰陽の交錯という現象を起こし、それが国常立尊の化生に至るのだと考えられる。こうして、国常立尊の化生以後、万物は生成を繰り返していく。これが『日本書紀』冒頭の概要である。ただし、国常立尊の化生以前、古の渾沌に含まれた牙《きざし》という気が交錯し、陰陽として現象する場は、国常立尊の化生以後も消滅することなく、渾沌のなかで継続して存在し続ける。したがって、国常立尊の化生以前を無とは捉えない見識もある。

気による陰陽の交錯と、素粒子による振る舞いには親和性がある。ただし、これらを即同一に論じることはできない。素粒子は粒でも波でもなく、場の振動による共鳴状態とする向きもあるからだ。さらに、超弦理論によれば、素粒子は極微（十のマイナス三十五乗㍍）の長さの振動する弦（ひも）だというのである。(3) いずれにせよ、現代はガリレオ・ガリレイを萎縮させ、ジョルダーノ・ブルーノを死に追い詰めた暗黒時代ではない。したがって、多様な解釈の展開は認められている。今後、量子力学、超弦理論、多元宇宙論など、数多の学説が実証を重ね、宇宙の起源やそれ以前の時空の謎を解明することに期待したい。なにより、そうした進歩に人文科学の哲学や思想、神学や宗教哲学がどのように対処していくのか、とても興味深い。

ただし、自然科学の研究によって紡がれたこれらの業績は、合理的定量的で厳密な数字、あるいは、数式なくして説き様もなく、門外漢が賢しら顔で知ったふうな口をきいても、埒外は埒外である。屋上屋を架す愚行を避けるべく、自然科学を人文科学のテイストで噛み砕いてくれるような理論物理学者や、人文科学の方法で自然科学を文章化してくれる哲学や数理社会学に付託して、自然科学の業績を、あくまで人文科学の思想や哲学を記述した史料として捉えながら、時空や古の過去、そして、今について紐解いていきたい。

三次元と四次元

観念論的形而上学者ジョン・エリス・マクタガート（一八六六〜一九二五）は、一九〇八年、「時間の非実在性」を著し〝時間は実在しない〟と主張した。マクタガートは、「過去・現在・未来[4]」と変化する時間区分をA系列とし、「より前・より後[5]」へと永続する時間区分をB系列とした。

時間の前と後の間にある今という現在の一時点について、マクタガートは、「われわれが出来事を知覚する時間は、さまざまな幅に持続する現在を含んでおり、それゆえに、未来と過去とともに、三つの持続に分割される。客観的時間には、現在によって分割された二つの持続しかなく、この現在は持続ではなく点なのであるから、経験の現在とは名前以外に共通性はない[6]」。と、いう。マクタガートが、現在に幅を持たせず、現在を持続することのない一瞬の点と捉えたことは、一瞬の今を刹那滅として表現した仏教の時間構造にも通底している。

数理社会学者の大澤真幸は『量子の社会哲学　革命は過去が救うと猫が言う』[7]のなかで、マクタガートが提示したA系列とB系列という二種の時間系列について、「(A) 出来事Mが「すでに起きた（過去）／今起きている（現在）／まだ起きていない（未来）」を題材とする系列と、(B) 出来事の前後関係を、つまり出来事Mが出来事Nよりも「先である／後である」を主題化する系列[8]」と、説く。ここで注目したいのは、マクタガートが示した二種類の時間系列のうちのB系列に対して示した大澤の解説である。大澤は時間の前後関係を主題化したB系列について、「四次元主義は、時間についてのB理論と整合的なのである。……四次元主義はB理論と親和的である[9]」と指摘する。以下、大澤の言説によりながら、時間系列、四次元主義をめぐる考察を進めたい。

マクタガート自身は過去、現在、未来を題材とするA系列を本質的時間と主張する。マクタガートがA系列を支持する根拠として、大澤は「第一に、B系列はA系列に還元できるが、逆は不可能だ、……出来事MがNよりも先だということは、Nに視点を置き、Nを現在と仮定したときに、Mが過去ということであり、MがNより後だということは、Nを現在としたときに、Mが未来として現れるということである[10]」と、いう。さらに、「変化の可能性がなければ、時間はありえない。ところで、『変化』は、A系列と結びついて初めて記述することができる。マクタガートが、A系列を本質的だと見なす、第二の論拠はこれである[11]」と、指摘する。〝先・後〟という時間の前後関係は〝過去・現在・未来〟という時間区分に還元できるが、その逆はない。つまり、時間をして時間ならしめる変化の可能性は過去・現在・未来という時間構造に結びついてのみ記述されるからである。

未来と過去における不確定性について、大澤は、「未来の本性は、その解消不能な不確定性にある。どんなに確実そうに見えることでも、なお、原理的には不確定なこととして現れるもの、それこそが未来である。……。逆に、どんなに不確実に見えることでも、基本的には確定性を帯びることが過去である[12]」と、いう。過去が確定性を帯びるのに対し、未来の本性は解消不能な不確定性だというのだ。つまり、未来を未来たらしめるのは不確定性ということになる。続けて、大澤は、「〈他者〉でも、何をしでかすかわからない。〈他者〉は、予期への完全なる回収を絶対的に拒否する。とすれば、〈他者〉と〈未来〉とは、同じものの二つの形式ではないだろうか[13]」と、他者と未来との親和性に触れる。

大澤は、「〈他者〉との関係は、未来という本源的に不確定な存在の領域を開く。その未来的な〈他者〉は、やがて、『すでに知っていた』『すでに見ていた』と見なすことができるような超越的な他者に、つまり、既在性・過去性を帯びた他者に、置き換えられる[14]」と、いう。大澤は未来的な他者との関係が存在の不確定な未来の領域を開くという。要するに、可変的（無時間的、超時間的）な他者の視点において、述語となる現象の時制も変化する。これにより、〝未来的な〈他者〉〟は〝既在性・過去性を帯びた他者〟に置き換わるというのである。こうした他者の視点が未来から過去に亘る超越的な観測者の視点につながっていく。

大澤によれば、「量子力学的な観測者は、物理現象に対して、この超越的な他者の位置を占めているのだ。さらに、この他者は、全知の神に見立てることができる。私が『第三者の審級』と呼んできたのも、このような超越的な他者である」[15]と、いう。大澤がここに示した〝観測者〟〝他者〟〝全知の神〟〝第三者の審級〟なる術語は、すべて後に鍵となる言葉であるが、ここではまず〝観測者〟を視点とした時間、あるいは、三次元主義の矛盾について整理していきたい。

大澤は三次元主義について、「今という時点における実在が、この物体の実在のすべてである。……。現在となる各特定の瞬間において、つまりそれが存在しているすべての瞬間において、物体は余すことなく現前している（現れている）。これが三次元主義である」[16]と、いう。ただし、その一方で、「特殊相対性理論によれば、同時性を無媒介に云々することはできない。何かと何かが同時かどうかということについては、観測者によって異なった答えを持っている」[17]と、いう。

光の速さは一秒間で地球を七周半するという、つまり、光は一秒間で約三十万キロメートル進む。物理学者アルベルト・アインシュタイン（一八七九〜一九五五）が相対性理論で唱えた光速不変の原理によれば、こうした光の速度は不変とされ、それを超えることができない。そして、光速に近づくと時空は歪む。要するに、時空は観測者のいる場所によって、それぞれ変化するということである。[18]

大澤は特殊相対性理論における三次元主義の矛盾について、「観測者Aに対して現れている物体Xの状態が、観測者Bに対してはすでに現れてしまった（あるいはまだ現れていない）――したがってもう実在しない（あるいはやがて実在するはずの）――状態であったとするならば、物体が特定の瞬間に余すことなく現れている、という三次元主義の想定とは矛盾することになるだろう」[19]と、いう。

過去は既に存在せず、未来は未だ存在しない。したがって、実在しているのは一瞬の今のみとなる。

このように、現在以外は存在しないと考える立場が三次元主義、あるいは、現在主義である。現在主義においては、不連続の一瞬の今が無数に連なり過ぎ去っていく。

ここで時間の変化を感じ取る主体者は、その次元に内在するため、その時間を外から俯瞰するような外在的視点を持つことはできない。ただし、重力の強い場所や光速に近づくと時空は歪み、時空は主体となる観測者のいる場所によって、それぞれの今を今として認識することになる。この現在主義に対するのが永久主義である。

四次元主義、あるいは、永久主義とは、過去・現在・未来がすべて同時に存在するという時空の捉え方である。すべてが同時に展開する四次元時空においては、その時空に外在し、その時空を俯瞰する観測者にとって、時間の移ろいは先・後という前後関係においてのみ確認される。つまり、個々に同時存在する数多の今のなかから、唯一の今を抽出できず、今がどこにあるのか断定不能になる。

大澤は、「四次元主義は、デイヴィット・ルイスやセオドア・サイダアが唱えている説で、物体が、空間的な次元にだけではなく、時間的な次元にも広がりをもったものとして実在し、個別化されている、と考える[20]」と、いう。そして、四次元主義を理解する要点について、「部分と全体についての捉え方にある。たとえば、手は、その人の一部である。これと同じ意味において、各時点での物体の現れを、その物体の部分と見なすのが、四次元主義である。……物体は、空間的にだけでなく、時間的にも延長性をもって持続しているのだ[21]」と、指摘する。

〝部分〟と〝全体〟との関係性は、前述のように、フリッチョフ・カプラが素粒子を〝独立した実在〟ではなく〝全体へ統合された部分〟として捉えるべきものと指摘したことと同様である。つまり、多のなかの一、一のなかの多、あるいは、一である全体のなかの多である個々、多である個々のなかの一である全体という理解は、西田幾多郎の矛盾的自己同一、延いては、華厳経の一即多にも通底している。そうであるならば、四次元主義も一即多と親和性があるということになる。

ここで、大澤はマクタガートが過去・現在・未来のA系列を本質的時間として支持した理由について、「変化なしには時間はありえず、変化は、ただA系列によってのみ記述できるからである（変化とは、未来だったことが現実になり、過去になることなのだから）」[22]と、指摘する。つまり、マクタガートが支持したのは過去・現在・未来のA系列であり、三次元主義であり、現在主義であったということになる。これに対し、大澤は「四次元主義は、時間についてのB理論と整合的なのである。……四次元主義はB理論と親和的である」[23]と、いい、先・後（前・後）のB系列と四次元主義（永久主義）との親和性を強調しながら、時間についての思索を深めていく。

大澤は「四次元主義的に物体の実在を記述するためには、B系列が必要だ。B系列は、時間に外在する超越的な視点からの記述である。それに対して、A系列は、時間に内属する者にとっての記述である（時間に内属する者のみが、どこが現在かわかるのだから）」[24]と、時間に内属（内在）するA系列あるいは三次元主義的視点と、時間に外在するB系列あるいは四次元主義的視点の相違を指摘する。さらに、大澤は時間を〝社会的現象〟として捉え、「対他関係なしに、時間はありえない。私にとって、〈他者〉は、まずは未来として現れる。〈他者〉の還元不能な不確定性は、未来と本質的に同じものである。やがて、〈他者〉の――未来へと向かうベクトルの――彼方に、私の現在を過去として、既定的なものとして見返す。超越的な他者――第三者の審級――が措定される[25]」と、いう。これにより、我々は過去・現在・未来が同時に存在する四次元主義的視点が、過去・現在・未来に及ぶ無数の一瞬の同時展開を俯瞰する外在的視点である事に気づかされる。つまり、こうした時間の観測者の視点は〝超越的な他者〟〝第三者の審級〟であり、延いては、キリスト教的唯一絶対の超越神の視点にもなり得る。

こうした第三者の審級と未来完了について、大澤は、「時間の原型は未来完了型（前未来型）である。私は――〈他者〉とともに――時間に内属している（A系列）だが、第三者の審級は、事後的な位置から出来事を回顧的に振り返るので、そこからは、時間はB系列的に現れているはずだ[26]」と、いう。未来完了とは、ある未来の時点において、ある出来事が既に完了（既に経験、未だ継続）している状態を示す時制表現である。こうした未来完了が時間の原型であるとして、そこに〝第三者の審級〟つまり、時間に外在する観測者の視点を基に、先・後という時間の前後関係の事後的視点に至り、その前後におけるそれぞれの出来事の時間的関係を〝過去の深さ〟のみだと断定する大澤の指摘はとても興味深い。要するに、「事後の視点にとっては、すべての出来事は過去なので、出来事間の時間的関係は過去の深さの相違――すなわち先後関係――のみだからである。つまり、われわれの理論は、A系列を基礎にしつつ、そこからB系列が発生する機序を説明[27]」できるということである。

三次元に内在する我々は、過去・現在・未来のなかで現在のみを実在とする現在主義のA系列を基礎にしている。一方、B系列は時間に外在する観測者の視点から、先・後という前後関係に特化される。B系列的に現れる時間の前後関係は過去という古の遠近の程度により認識されるため、未来完了が時の原型であるならば、現在は疎か未来の事象をも事後的な回顧として振り返ることになる。つまり、未来も古の渾沌に含まれていることになる。

こうした大澤の言説を敷衍していえば、一瞬の今を認識し得る三次元主義的現在主義が、今を強調する中今の思想の最たるものとして理解し、その一方で、今を断定不能とする四次元主義が、中今の思想のアンチテーゼとして理解するのは誤りであることが分かる。すべてが同時に存在する四次元主義、または、すべてが既知の出来事となる超越的絶対者の回顧的視点において、今は断定不能であるがゆえに、無限に広がっていく。つまり、今を断定しない四次元主義が今を無限に拡大させることにより、中今と永遠の今は結びついていく（ちなみに時に変化のない無時間においても永遠の今が成り立っていく）。

古の渾沌

稽古照今とは〝古《いにしえ》に稽《かんが》えて今を照らす〟と読み、古伝承や先人の教えを学び、今の状況を照らし、今後に活かしていくことを意味する。『古事記』序文（上表文）に記された「莫不稽古以縄風猷於既頽。照今以補典教於欲絶」[28]〝古《いにしえ》を稽《かんが》へて以て風猷《ふうゆう》を既に頽《すた》れたるに縄《ただ》し、今を照らして以て典《のり》教を絶へんと欲するに補はずといふこと莫《な》し〟は、稽古照今という熟語の出典として知られている。この文章は、古に鑑みて既に廃れてしまった風教道徳を正し、今を照らして道と教えの絶えようとするのを補わないということはない。と、いうのである。

古来、伝承には誤りも多く、そこに記された気概や精神も時とともに廃れてしまう。それを正しく伝えていくため、天武天皇（?～六八六）は国史編纂事業に乗り出した。こうして完成したのが八世紀初頭の『古事記』や『日本書紀』である。もしも、天武天皇が稽古照今の姿勢を欠いていたならば、史書は今以上に誤記が放置され、恣意的な改竄で溢れていたのかも知れない。

『古事記』は天武天皇の詔により、稗田阿礼（生没年不詳）が誦えた古伝を基にして、太安万侶（?～七二三）が和漢混合文（序は漢文）で撰録し、元明天皇（六六一～七二一）の和銅五（七一二）年に完成した。いうまでもなく〝稽古照今〟を謳った古事記の古事とは、今を照らすための古伝承である。一方、『日本書紀』は元正天皇（六八〇～七四八）の養老四（七二〇）年、舎人親王（六七六～七三五）らの撰録により、漢文で表記された伝存する日本最古の正史である。『日本書紀』には『古事記』のように自らの成り立ちを語る序文がない。ただし、『日本書紀』においても〝古〟の一文字から滔々と起筆される。

人が存在として認識できる時間は一瞬の今のみであり、今以前は古の過去である。過去は既に存在しない記憶であり、その記憶は人の意識に浮かんだ心象である。古とは単なる過去ではなく、一人の人間の寿命の枠に収まることのない、代々を重ねた時代をもいう。今現在は、今以前の過去と今以後の未来とを分かつ境界でもある。ただし、刹那的一瞬の境界となるのは今現在のみではない。古の過去のなかに、時間を含めた存在世界の始源となる一瞬の一時点の存在を認めるか否かによって、あるいは、その一時点の前後をどのように捉えるかによって、過去となる古の捉え方も変わってくる。

過去・現在・未来が同時に存在する四次元時空において、その時間に外在し、その時間を俯瞰する観測者になり得るならば、その観測者は、無数の今を同時に認知することになる。そうなると、もはや今がどこにあるのか分からなくなる。つまり、観測者が認識できるのは先か後かという時間の前後関係のみとなる。仮に時間の原型が未来完了であるならば、未来の一時点の出来事を過去に完了（経験）した出来事や、未だに継続している出来事として、その前後の関係を認知することができる。ただし、未来は瞬く間に今を飛び越して古の過去になる。一寸先の未来ですら、それを意識したときには既に過去になっている。今を今として措定できなくなったとき、一瞬の今のみならず、未だ来たらざる未来までもが、古の渾沌に含まれていく。広大無辺の過去は古の渾沌として『日本書紀』冒頭の一文字に明示される。

伊勢神道や吉田神道の影響が強い吉川神道や垂加神道においては、『日本書紀』に記された神々化生以前の古の渾沌（混沌）を、天地開闢以前の万物を含む存在として尊重し、さらに、国常立尊が化生する一瞬の一時点を境界として、それ以前と以後とを未生と已生とに分化する。つまり、国常立尊を未生の国常立尊と已生の国常立尊とに分化し、さらに、未生の国常立尊を古の渾沌と同化して、これを形而上学的な神として特化していく。始終なく、茫漠とした無限の過去と未来との境界で、瞬く今が刻々と移ろい、不連続が連続する線上のなかの一瞬の今以前に、特別な始源とつながる一点を加えた時間認識。こうした境界が未生と已生の境界とされている。

四次元主義によって、過去も現在も未来も同時に存在する次元に思いを寄せるならば、古の渾沌も無限の今と同時に存在する一時点となる。こうなるともはや今の確定は不可能となり、前後関係によって認識される時は後から前へ、未来から過去へ、過去へ過去へと移ろい、無限に続く後の未来を呑み込んでいく。古の渾沌であろうと未だ来たらざる未来であろうと、後ろから前へと永遠に移行していく。この移行する不確定な一時点を今と意識（思念）して観測するならば、数多の一瞬は連続して移行しながら永遠の今になる。

さて、『日本書紀』は「古」の文字から書きはじめられる。その冒頭の文章は不確定な今を語らず、「古」と「未」との前後関係のみを用いて、未来をも事後的な古に含み込み、古の渾沌を展開していく。我々の住む三次元空間において、存在している時間は一瞬の今であり、古の過去において予見される古の未来は、今を跨いで既に未来完了の過去になっている。『日本書紀』はこうした時間構造から語りはじめる。

「古天地未剖。陰陽不分。渾沌如鶏子。溟涬而含牙」(29)。この『日本書紀』の冒頭の文章は神々が化生する以前を語っている。〝古の遥か遠い昔、天地も陰陽も未だ分かれていなかったとき。その渾沌（混沌）とした状態は鶏の卵のようであった。そのもやもやとくぐもった渾沌のなかに牙《きざし》が含まれていた〟という。

〝古〟とは過去である。細かくいうならば、昨日今日の過去ではなく、時を重ねた遥か遠い昔である。天地も陰陽も未分化であった古の渾沌という場には、何かはっきりとしない牙《きざし》が、実体として含まれていたというのである。ちなみに、古と昔という言葉には違いがある。たとえば〝昔取った杵柄〟とは、過去に修得（習得）した技能が今もなお衰えずにいることである。ここでの〝昔〟とは一個人の寿命のうちの自身の記憶が及ぶ近い範囲の過去である。これに対して〝古の都、奈良〟とは千三百年以上も時を経た八世紀の日本の都をいう。この〝古〟とは一個人の寿命のうちの記憶も及ばぬほどに遥か遠い過去を表す。したがって、古は昔よりも過去の度合いが深いということになる。

〝未〟とは打消しの語を伴って、まだそのときが来ていないとか、まだなし得ていないなど、未来・未定・未熟を意味する。漢文においては、〝未だ〜ず（せず）〟と、読み、打消しの助動詞と、用言を修飾する副詞との二つの役割を持った再読文字である。再読文字とは、漢文講読において、一文字で副詞と助動詞を意味し、一字ながら訓読に際して二度読む特殊な文字である。一読目は記号（返り点〈レ点や一二点〉）に関係なく副詞として「いまだ」と読み、二読目は記号に従い助動詞として「（せ）ず」と読む。文意は〝古には、未だ天地も陰陽も剖《わか》れていなかった〟と、なる。

〝牙《きざし》〟とは気のような実体的質料であり、原子や素粒子など極微の粒をイメージできる。〝陰陽〟とは気の活動の程度を示す現象であり、動的な気の活動を陽といい、静的な気の活動を陰という。ただし、この陰陽という現象自体には、陰や陽という固定された状態はない。その活動は可変的に認識され、相対的に静であれば陰、動であれば陽となる。

五経の一つである『易経』の繋辞上伝には、「一陰一陽之謂道[30]」と、記されている。これは〝一陰一陽コレヲ道ト謂ウ〟と読む。つまり、「一陰一陽」と「道」とは同じものなのである。この道について、東洋史学者の島田虔次（一九一七〜二〇〇〇）は、「陰陽という現象の背後にあって陰陽の根拠となるところのもの、それがすなわち道[31]」と、いう。陰陽の背後にあり、その現象の根拠になるものが道である。それは穏やかな陰として、激しい陽として、気が現象する道筋であり、陰陽が陰陽する所以に導く道筋でもある。こうした考え方が理という概念に結びついていく。

『日本書紀』の冒頭五文字「古天地未剖」のなかには、過去を意味する〝古〟と未来を意味する〝未〟の二文字がある。前述のように、古の遥か遠い昔、天地も陰陽も未だ剖（分）かれていなかった。ただし、その未分化の天地や陰陽は、今現在、未の文字以降の状態になっている。つまり、未だ来たらざる未来は既に過去となり、未だとされていた天地陰陽は、それぞれが分化した状態から、さらに、万物の生成にまで至っている。

『日本書紀』の冒頭は、過去に予見された未来が既に過去の記憶となっている状態から起筆されている。これは既に過ぎ去りし過去と、未だ来たらざる未来との対照であるに止まらない。むしろ、古の渾沌には、未だ来たらざる未来の予見が既に含み込まれている。したがって、この冒頭の文章においては、古の今という一時点がいつであるのか不確定となる。これにより、今という表現が冒頭の文章に強調されることはない。

冒頭の一文で未だと記され、天地や陰陽が未分化の状態であった過去の未来は過去の今を飛び越して、既に天地も陰陽も分化した後の過去の出来事になっている。こうした渾沌の状態は過去から未来へ、未来から過去へと及んでいる。これは、ある未来の一時点において、ある出来事が既に完了（既に経験、未だ継続）している未来完了の状態を示す時制表現とも考えられる。つまり、天地も陰陽も既に分化した今現在にあっても、渾沌に含まれる牙《きざし》（一気）の活動は継続し、陰陽の交錯を起こし、万物の生成につながっている。重要なことは、渾沌で現象する陰陽の気も、渾沌の場も、移ろう時のなかで、過去の記憶として消滅することなく、未来完了の形で未だに継続していることである。

『易経』繋辞下伝には、「天地絪縕、万物化醇[32]」との記述がある。これは〝天地絪縕シテ、万物化醇ス〟と、読むのだが、これについて、島田虔次は「天地陰陽の気は一瞬の断絶もなく、絪縕として集散し、万物は化醇、すなわち生生してやむことがない[33]」と、いう。このように陰陽蠢《うごめ》く気の集散は今もなお渾沌の場において継続していると考えられる。

古の文字からはじまる『日本書紀』は、神々が化生する以前の古の状況説明から起筆される。そして、今という言葉を挟むことなく、既に古の過去の記憶となった未来の予見として、天地陰陽の分化を語っていく。つまり、『日本書紀』の書き出しは不確定な今を語らず、古と未との前後関係のみを用いて古の渾沌の話を展開させていく。

牙《きざし》をめぐる『日本書紀』冒頭の解釈と絶対観の不在

天地開闢以前の渾沌に含まれた牙《きざし》の理解を通して、再び『日本書紀』冒頭の解釈を試みたい。『日本書紀』には序文もなく、「古天地未剖。陰陽不分。渾沌如鶏子。溟涬而含牙」(34)と、起筆される。〝天地も陰陽も未だ分かれていなかったとき、古の渾沌は卵のように丸い形相としか比喩できない不定形な存在であった。その渾沌として漂うもののなかに、万物の一気となる牙《きざし》が含まれていた〟という。

ここに記された渾沌とは絶対的超越的な意志を持つような存在ではなく、不定形として形を持つ形相である。一方、その渾沌に含まれている〝牙《きざし》〟とは万物へとつながる一気を意味する未活動の質料である。また〝陰陽《めを》〟とは、気の活動の程度を示す現象をいう。陰は静の状態、陽は動の状態の気をいう。したがって、陰と陽は常に相対的で可変的な関係にあり、陰の気とか、陽の気という固定化された二種類の気をいうのではない。

こうした陰陽の交錯による木火土金水の五行を、万物の構成と結びつけるのが中国の五行思想である。これによれば、動的な陽の気が集まって木火となり、静的な陰の気が集まって金水となる。残りの土は木火金水をして、木火金水ならしめる〝にがり〟のような存在だとされている。(35)『日本書紀』では、渾沌に含まれた牙《きざし》を気に見立て、気による陰陽の動静という現象が具体化していく過程のなかで、国常立尊の化生へと展開していく。

『日本書紀』第一段には、本文の他に六つの一書（異伝）が記されており、その第二、第三、第六の一書は『古事記』の記述と類似している。『古事記』では、天地のなかに芽吹く葦牙《あしかび》のような一物に、可美葦牙彦舅尊《ウマシアシカビヒコジノミコト》という神名を冠している。可美葦牙彦舅尊とは水辺の泥土に繁茂した葦の若芽の神格化であり、このような陽気漲る葦の若芽の生成力が、神々の最初のイメージとして表現されている。さらに、『日本書紀』本文でも、国常立尊が化生する状を葦牙と表現している。これにより、この神々を同一神と見る向きもある。

渾沌に含まれた牙《きざし》は実体を持つ気であり、その気の交錯による陰陽という現象が生成力となり、神々を含めた万物の生成に結びついていく。天地開闢以前を壮大に語る『日本書紀』冒頭の世界観は、漢籍の援用により構成されている。『日本書紀』本文冒頭の文章「古天地未剖、陰陽不分」は紀元前二世紀、前漢の思想書『淮南子』（俶真訓）に記された「天地未剖、陰陽不判、四時未分、万物未生」からの引用である。「渾沌如鶏子」は三世紀に呉の太常、徐整が撰した神話集『三五歴記』（唐代初期の芸文類聚引用）と同文である。「溟涬而含牙」は『三五歴記』（宋代初期の太平御覧引用）に記された「溟涬始牙」と類似している。[36] ただし、この類似は同義とは異なる。

『三五歴記』に記された「溟涬始牙」の「牙」は〝牙《きざ》しはじめた〟あるいは〝はじめて牙《きざ》す〟という用言であるのに対し、『日本書紀』に記された「牙」は〝牙《きざし》〟を含むと体言を表現したことに注目したい。これは渾沌のなかに何らかの物実《ものざね》が実体として含まれることを示唆している。牙《きざし》という実体があって、その一気たる牙《きざし》が陰陽という現象を起こし、国常立尊の化生に展開していくと解釈できるならば、渾沌のなかに含まれる牙《きざし》という物実《ものざね》の存在は、冒頭の一文字に〝古〟という時間を加筆したことと同様に、『日本書紀』の独自性を示す重要な端緒となる。

漢籍の恵みを受けながら、『日本書紀』は独自の情趣を醸し出す。『日本書紀』冒頭を読むにあたって、今に生きる我々が、陰陽未分の渾沌に含まれる牙《きざし》という一気にまで遡及してものを捉えてみると、気を通して万物がつながっているという考え方に思い至る。その背後には、気のつながりによる生の連帯に対する自覚がある。こうして全体を俯瞰してみると、『日本書紀』冒頭の文章は、身近な自然の移り変わりを素朴に語るものではなく、深遠な宇宙の起源に触れ、その機微を壮大に謳い上げている。要するに、『日本書紀』は独自表現を保ちながらも、漢籍の影響を隠さない。『日本書紀』の書き出しは漢籍の恵を援用しながら、丁寧に練り上げ、日本初の官撰国史の冒頭を飾るに相応しい独自の名文となった。

このように、『日本書紀』冒頭の世界起源神話は、漢籍の影響を受けた格調高い麗筆に止まらず、二重の構造をもって、もう一つの世界起源神話を記している。ここでは、ダイナミックな宇宙を取り込むような視点に欠けるが、身近な自然や日常の延長が語られていく。こうした日本古来の世界観を垣間見せるのが、冒頭に続く文章「開闢之初。洲壌浮漂。譬猶游魚之浮水上也。于時天地之中生一物。状如葦牙。便化為神。号国常立尊。……次国狭槌尊。次豊斟渟尊。凡三神矣。乾道独化。所以。成此純男」(37)である。〝天地がはじめて開けたとき、国土が浮き漂っている様子は、泳ぐ魚が水の上に浮いているようだった。あるとき、天地のなかに一物が生まれた。その状は葦牙《あしかび》のようだった。それが神となる。その神を国常立尊《クニノトコタチノミコト》という。……次に国狭槌尊《クニノサツチノミコト》。次に豊斟渟尊《トヨクムヌノミコト》。これら三柱の神々は乾道《あめのみち》の陽気のみを受け、独りで化生して、純粋な男神となった〟という意味である。

ここに記された世界は、天地開闢以後の既に存在している与件であり、所与の身近な自然の描写からはじまっている。つまり、こちらの世界起源神話は天地開闢以前に触れることも、それを賢しらに語ることも、そこに過度な意味づけをすることもせず、比喩を用いて、あるがままの自然を映し出している。ちなみに、大野晋は『日本書紀』冒頭部後半に記された日本古来の世界起源神話の展開を、①混沌浮動、②土台出現、③泥、④具体的生命の発現という四つに分類した[38]。

『日本書紀』冒頭に続くこの文章によれば、浮脂のように漂う渾沌のなかに、葦牙《あしかび》のような一物が化生する。その万物の一気となる牙《きざし》が陰陽としての活動をはじめ、陽の気のみによって、葦牙《あしかび》のように化生したのが国常立尊《クニノトコタチノミコト》である。これに続くのが国狭槌尊《クニノサツチノミコト》・豊斟渟尊《トヨクムヌノミコト》とされている。以上の三柱の神々は皆〝独神《ひとりがみ》〟とされ、陽を意味する〝乾道《あめのみち》〟の〝純男《をとこのかぎり》〟と記されている。つまり、国常立尊《クニノトコタチノミコト》・国狭槌尊《クニノサツチノミコト》・豊斟渟尊《トヨクムヌノミコト》は陽気のみにより、独り自ら化生した男の神々とされている。『日本書紀』では、これら三柱の神々と、次に展開する四組八柱の男女対偶神とを合わせた七代を神世七代と呼んだ。

化生とは唯一絶対の神による創造や親からの分化、あるいは、母胎や卵からではなく、自ら忽然と生まれること、なることをいう。神道では渾沌のなかに物実《ものざね》となる牙《きざし》が質量として存在すると考えた。これにより、神々の化生を無から生ずる類とは捉えない。『日本書紀』の神々は絶対観を有せず、天地を創造するような唯一絶対的な超越神もいない。それゆえ全知全能で完全無欠の神が世界に先んじて存在し、その唯一絶対の神が他の神々を生んだりつくったりすることもない。神世七代の神々も皆、自ら独り化生する。日本列島のように、緑深く苔むす森と石清水溢れる風土では、多様ないのち（主体）が幸《さきわ》い、湧き立ついのちの芽生えをそこかしこに感じ取ることができる。曖昧な古の渾沌という場に含まれた牙《きざし》、そして、その交錯による陰陽の現象とは、どのようなイメージをもって描くことができるのだろうか。

カプラの場と渾沌

古の渾沌に含まれた牙《きざし》は気である。その気による陰陽の交錯は万物の生成に結びつく。その気を素粒子と捉え、素粒子のふるまいと場、そして、渾沌を考察してみると、物理学と東洋思想との親和性が見えてくる。

物理学者のフリッチョフ・カプラ（一九三九〜）によれば、「物質を構成する素粒子は、実在としてはひじょうに抽象的で、二面性をそなえている。見方によって、粒子にもなれば、波にもなるのである。この二面性は光の場合と共通する性質で、光は電磁波のかたちをとることもあれば、粒子のかたちをとることもある(39)」と、いう。素粒子には〝粒〟という字が含まれているのだから、素粒子とは物質を細分化して行き着く極微の粒のような構成要素に思えるが、理論物理学においては、そうでもあり、そうでもない。素粒子の実在は抽象的であり、〝粒〟と〝波〟という二面性をもっているという。

〝粒子が同時に波としてもとらえられる理由〟について、カプラは「素粒子のレベルでは、物体の存在している場所は厳密にはわからず、『存在する可能性』がわかるだけだ」[40]と、いう。さらに、「原子の世界で起こる事象は、厳密な時間も様子もわからず、『起こる可能性』しかわからない。量子では、こういった可能性は確率で表現され、数学的には波の式と同じ形をとる」[41]と、いう。このように、物質を構成する素粒子の姿は、我々が単純に想像できるイメージとはかけ離れ、実在する極微の粒として認識するにはあまりに抽象的である。

カプラは粒と波という二面性をもつ素粒子について、「音波や水の波のような『実在的な』三次元の波ではない。『確率の波』という波動性をそなえた抽象的な数学量であり、その波動性は、粒子を空間内の特定の点で特定の時間に発見できる確率を表している。原子物理学の法則はすべてこのように確立によって表現される」[42]と、いう。素粒子の特質として、素粒子の位置と運動量の両方を同時に正確に計算し得ないことを不確定性原理という。これに対し、カプラは一つの考え方を提示する。カプラは「粒子の特質はその運動——周囲との相互作用——によって理解されるべきで、独立した実在としてはとらえられず、全体へ統合された部分と考えなければならないのである」[43]と、いう。つまり、素粒子は〝独立した実在〟ではなく〝全体へ統合された部分〟として捉えるべきものだというのである。これも多のなかの一、多のなかの個とする一即多の思想である。このように、西洋の物理学者であるカプラは、東洋の華厳の思想に啓発された事実を隠すことはない。

「無とは何か『何もない』世界は存在するのか?」『ニュートン別冊』のなかで、物理学者の藤井恵介（一九五七〜）は〝場〟について、「現代の物理学では、あらゆる素粒子を『場』の概念で表現します。そして、素粒子とは、『もの』ではなく、『場』にエネルギーが集中して一つ二つと数えられる状態になる『こと』……」[44]だと、いう。これに対し、同誌では、「つまり私たちが固い粒のようにイメージしがちな素粒子というものは、実際には空間を満たしている『場』が示す状態の一つにすぎないのだ」[45]と、続ける。さらに。場と素粒子の関係について、場の状況を数多の電球が敷き詰められた電光掲示板にたとえ、一方、素粒子を点滅する電球にたとえる。電光掲示板という場のなかで、点滅している電球の場はエネルギーの集中した素粒子が存在している状態である。電光掲示板のなかで電球が連続して右方向に点灯すれば、その光は右方向に移動しているように見えるが、電球自体は動いていない。つまり、「実際の素粒子の運動も『固い粒』が動くのではなく、『場』の中でエネルギーの集中した場所が移りかわっていくだけだ」[46]と、いうのだ。これは不連続の連続である。同誌ではこれに続いて、「仮に電光掲示板の電球が素粒子のように小さいとすれば、不確定性原理により、電球は消灯したままではいられなくなる（一瞬であればエネルギーがさまざまな値を取りうる）。その結果、電光掲示板のあちこちで、一瞬だけ電球が点灯しては消えているような状況が生まれ、これが対生成・対消滅に対応するというわけである」[47]と、いう。

カプラは「量子電気力学は、電磁波の概念と、光子の概念とを結びつけているところに特徴がある。光子は電磁波であり、電磁波は振動する場であるから、光子は電磁波のあらわれだとみなせる。この考えから『場の量子』の概念、すなわち『量子や粒子のかたちをとれる場の概念』が出てきたわけである[48]」と、いう。そして、アインシュタインの言葉「それゆえ物質は、場がきわめて緊密な空間の領域によって構成されているものとみることができよう。……新しい物理学では、場も物質もというわけにはいかない。場が唯一のリアリティなのだ[49]」を示し、さらに、イギリスの生化学者ジョセフ・ニーダム（一九〇〇〜一九九五）の言葉「古代ならびに中世の中国人がとらえていた物質世界は、完全に連続的だった。物質中に凝縮した気は粒子的なものではない。個々の物質が、陰陽ふたつの基本的な力のリズミカルな変動と連動した波とか振動のようなかたちで、他の物体と作用しあうのである。だから個々の物体には固有のリズムがあり、それが統合されて、全般にわたる調和の世界をつくっている[50]」を添えている。

陰陽を現象させる気は形而下の気体のような物質的実体ともいえる。したがって、気そのものを粒子的ではなく、作用する現象だとは断言できない。ただし、気の活動の程度に基づく陰陽、つまり、陰陽の交錯が現象であるということは、ニーダムの指摘するところと同様である。確かに、陰陽の変動は連動する波の振動を彷彿とさせる。こうした陰陽による気の相互作用は分断ではなく、調和を象徴するように思える。

ここで『日本書紀』冒頭の解釈を整理したい。陰陽を現象させる気は牙《きざし》という実体として古の渾沌に含まれている。その渾沌は時空の極所ではない。『日本書紀』でいえば、渾沌のさらなる先の古の渾沌もまた渾沌のままである。その渾沌に含まれた未生の牙《きざし》が活動をはじめ、天地が分化し、陽気による神々の化生を経て、陰陽の交錯による万物生成に推移していく。カプラのいうように、唯一のリアリティが振動する場であるならば、その場こそ、気が陰陽する渾沌と親和性が高いともいえる。渾沌を解く端緒は振動する場に求められるのかも知れない。

素粒子を粒とはせず、場の振動による特定の共鳴状態とするような場の量子論における素粒子解釈を、日本の古典解釈の方法の基準として、すぐに云々することはできない。しかし、〝虚空〟がないということ、つまり、一切の現象や存在がないという状態はないといえるのであれば、無から有を生ずるということもない。したがって、古は特定の無の一時点からはじまったものではない。

神々が化生する以前の古の渾沌は、未生の可能性を含みながら、無限の過去へ過去へと深まっていく。こうした『日本書紀』冒頭の解釈[51]と因果律の枠に収まり切らない不確定な量子力学との邂逅は、神道思想史、日本宗教思想史の今後の課題にも多くの示唆を与えてくれるはずである。〝広範囲にわたって協調的に振動することが可能〟な場とは、大域的な意識と関連するものなのだろうか。そして、三次元に生きる人々がそれと感応することは可能なものなのだろうか。それとも、これもまた、心象のなかの幻想なのだろうか。

註

（1）インフレーション理論は、一九八一年、アラン・H・グースと佐藤勝彦による同時発見とされる。

（2）我々が存在する世界を、九次元空間（十次元空間）に一次元時間を加えた十次元時空（十一次元時空）に漂う、二次元や五次元の平たい膜と見立て、その膜の上に、我々が拘束されていると仮定するサイクリック宇宙論によれば、その膜が他の膜と衝突することによってビッグバンが起こるという。これにより、世界は膨張を続け、やがて、収縮に転じ、また、膜同士の衝突からビッグバンを繰り返すのだという。つまり、宇宙の捉え方にははじまりを持たず、永遠に膨張と収縮を繰り返すことになる。高水裕一『時間は逆戻りするのか　宇宙から量子まで、可能性のすべて』講談社、二〇二〇年、参考。

（3）数から科学を読む研究会『あっと驚く科学の数字　最新宇宙論から生命の不思議まで』講談社、二〇一五年、参考。

（4）ジョン・エリス・マクタガート著・永井均訳・注釈と論評『時間の非実在性』講談社、二〇一七年、一八頁。

（5）同右、『時間の非実在性』一八頁。

（6）同右、『時間の非実在性』五三頁。

（7）大澤真幸『量子の社会哲学　革命は過去が救うと猫が言う』講談社、二〇一〇年、のなかで、大澤真幸は「私は、本書で、量子力学が、現代社会を理解し、未来社会を構成するための基本的な指針を与えるような、政治的・倫理的な含意を宿していることを示してみよう」、と、いう。これは同書執筆の意義ともいえるが、「量子力学が暗示しているのは、無知の神、無知である限り存在する神、したがって神性の根本的な否定であるような神という逆説」（五頁）の提示を試みたものである。

（8）同右、『量子の社会哲学　革命は過去が救うと猫が言う』二九八頁。

（9）同右、『量子の社会哲学　革命は過去が救うと猫が言う』三二七頁。

（10）同右、『量子の社会哲学　革命は過去が救うと猫が言う』二九九頁。

（11）同右、『量子の社会哲学　革命は過去が救うと猫が言う』二九九頁。

（12）同右、『量子の社会哲学　革命は過去が救うと猫が言う』三一九頁。

（13）同右、『量子の社会哲学　革命は過去が救うと猫が言う』三一九頁。

（14）同右、『量子の社会哲学　革命は過去が救うと猫が言う』三二一頁。

（15）同右、『量子の社会哲学　革命は過去が救うと猫が言う』三二一頁。

（16）同右、『量子の社会哲学　革命は過去が救うと猫が言う』三二四頁。

（17）同右、『量子の社会哲学　革命は過去が救うと猫が言う』三二五頁。

（18）たとえば、ここに一秒間で一メートル進む電車があるとする。観測者Aはその電車に乗って、電車と同じ進行方向、同じ速さで、ボールを一メートル蹴り出す。この状態において、車内にいる観測者Aはボールが一秒間に一メートル転がっていくのが見える。しかし、車外にいる観測者Bはボールが一秒間に二メートル転がっていくように見える。つまり、一秒間に一メートル進む電車のうえを、一秒間に一メートル転がっていくボールを見ているのだから、観測者Bにとってはボールが一秒間に二メートル転がっていくように見えるのだ。要するに、物《ボール》の速度は観測者のいる場所によって違って見えるのである。次に、光と同様にボールの速度も不変と仮定する。車内の観察者Aは一秒間に一メートル進む電車のうえで、ボールを一秒間に一メートルの速さで真上に投げる。車内の観測者Aはボールが一秒間に一メートルの速さで真上に上がっていくのが見える。車内の観測者Aの時計は、ボールが一メートル上るのに一秒を要している。一方、車外でこれを見ていた観測者Bによれば、ボールは真上ではなく、斜め前方に上がっていくのが見える。一秒間に一メートル進む電車のうえで、一秒間に一メートルの速さでボールを真上に投げ上げているのだから、ボールが進んだ距離は、三平方の定理により$\sqrt{2}$（約一・四メートル）であることが分かる。ここでは、ボールの速さは一秒間に一メートル進むものと仮定してある。これにより、車外の観測者Bにとって、一秒間に一・四メートル進むボール（光）が見えるというのは光速不変の原理とは矛盾することになる。

　ここでは、光の速度が不変であるのと同様に、ボールの速度も不変であると仮定しておいた。一秒間に約三十万キロメートル進む光を、一秒間に一メートル進むボールに見立て、それを光速と仮定する。光速不変の原理に従えば、車外の観測者Bが見たボールは斜め上方に向かって、一秒間に一・四メートル進むのであるが、これは車外の観測者Bが見たボールの移動距離が長いのではなく、車外の観測者Bの時間が長くなったということになる。光の速さは不変であるため、光速で移動していた車内観測者Aの時計は一秒経過しているのに対し、それを見ていた車外観測者Bの時計は一・四秒経過していたことになる。つまり、光速は不変であるため、時空は観測者のいる場所によって、それぞれ変化するということになる。光速に近づくと時空は歪み、流れる時間は遅くなる。仮に光速の乗り物で宇宙を旅して地球に帰ってくると、地球に残してきた家族や友人知人よりもその旅人は若いままでいられるのだ。まさに〝浦島太郎〟である。

(19) 前掲の『量子の社会哲学　革命は過去が救うと猫が言う』三二五頁。
(20) 同右、『量子の社会哲学　革命は過去が救うと猫が言う』三二五頁。
(21) 同右、『量子の社会哲学　革命は過去が救うと猫が言う』三二五、三二六頁。
(22) 同右、『量子の社会哲学　革命は過去が救うと猫が言う』三二七頁。
(23) 同右、『量子の社会哲学　革命は過去が救うと猫が言う』三二七頁。
(24) 同右、『量子の社会哲学　革命は過去が救うと猫が言う』三二八頁。
(25) 同右、『量子の社会哲学　革命は過去が救うと猫が言う』三二八頁。
(26) 同右、『量子の社会哲学　革命は過去が救うと猫が言う』三二八頁。
(27) 同右、『量子の社会哲学　革命は過去が救うと猫が言う』三二八頁。
(28) 黒板勝美編輯『新訂増補　国史大系　古事記　先代旧事本紀　神道五部書』吉川弘文館、一九六六年、二頁。
(29) 黒板勝美編輯『新訂増補　国史大系　日本書紀　前篇』吉川弘文館、一九六六年、一頁。
(30) 高田真治、後藤基巳訳『易経　下』岩波文庫、一九六九年、二三〇頁。
(31) 島田虔次『朱子学と陽明学』岩波書店、一九六七年、五九頁。
(32) 前掲の『易経　下』二六四頁。
(33) 前掲の『朱子学と陽明学』四一頁。
(34) 前掲の『新訂増補　国史大系　日本書紀　前篇』一頁。
(35) 前掲の『朱子学と陽明学』参照。
(36) 小島憲之『上代日本文学と中国文学　出典論を中心とする比較文学的考察　上』塙書房、一九六二年、三七五、三七六頁。
(37) 前掲の『新訂増補　国史大系　日本書紀　前篇』一頁。

(38) 大野晋「記紀の創世神話の構成」『文学33—8』岩波書店、一九六五年。坂本太郎、家永三郎、井上光貞、大野晋校注『日本古典文学大系　日本書紀　上』岩波書店、一九六七年、参照。
(39) フリッチョフ・カプラ著、吉福伸逸・田中三彦・島田裕巳・中山直子訳『タオ自然学』工作舎、一九七九年、七八頁。
(40) 同右、『タオ自然学』七九頁。
(41) 同右、『タオ自然学』七九頁。
(42) 同右、『タオ自然学』七九頁。
(43) 同右、『タオ自然学』九三頁。
(44) 木村直之編「無とは何か　『何もない』世界は存在するのか?」『ニュートン　別冊』ニュートンプレス、二〇二〇年、一一〇頁。
(45) 同右、「無とは何か　『何もない』世界は存在するのか?」『ニュートン　別冊』一一〇頁。
(46) 同右、「無とは何か　『何もない』世界は存在するのか?」『ニュートン　別冊』一一一頁。
(47) 同右、「無とは何か　『何もない』世界は存在するのか?」『ニュートン　別冊』一一一頁。
(48) 前掲の『タオ自然学』二三五頁。
(49) 同右、『タオ自然学』二三五頁。
(50) 同右、『タオ自然学』二四〇頁。
(51) マックス・プランク(一八五八〜一九四七)のプランク定数、エルヴィン・シュレディンガー(一八八七〜一九六一)の波動関数、ニールス・ボーア(一八八五〜一九六二)の相補性、ウェルナー・ハイゼンベルク(一九〇一〜一九七六)の不確定性原理、ポール・ディラック(一九〇二〜一九八四)のディラック方程式、ルイ・ド・ブロイ(一八九二〜一九八七)のド・ブロイ波、ロジャー・ペンローズ(一九三一〜)の量子脳理論、さらには、こうした量子論や量子力学をめぐる現代物理学者の言説に対する哲学的あるいは宗教思想史的検証に期待したい。

第三章　吉川惟足による渾沌と国常立尊と未生已生論

中世神道思想と吉川惟足《よしかわこれたり》

日本の書物のなかで、神道という言葉の初見は、『日本書紀』用明天皇即位前紀の「天皇信仏法尊神道」(1)〝天皇は仏法を信じ、神道を尊ぶ〟とされている。つまり、六世紀後半、神道という言葉は、記録された当初から仏教（仏法）との比較対象になっていた。宗教的価値の一元化を強いることのない用明天皇の姿勢は、古代日本の多様な価値基準に対する寛容性を示している。

日本に土着する神道と、六世紀に伝来した仏教との関係性は、仏教教学により合理的な説明が加えられるようになる。平安時代になると、『法華経』如来寿量品に記された〝本迹二門《ほんじゃくにもん》〟に基づき、日本の神々は本地である仏・菩薩が衆生救済のため、姿を変えて迹を垂れたとする〝本地垂迹説《ほんちすいじゃくせつ》〟が唱えられる。こうした解釈は真言宗による両部習合神道や、天台宗による山王一実神道に引き継がれた。なかでも両部習合神道では、『日本書紀』本文で最初に化生した国常立尊《クニノトコタチノミコト》を如来の法身とし、国狭槌尊《クニノサツチノミコト》を如来の報身とし、豊斟渟尊《トヨクムヌノミコト》を如来の応身として、その三身を即一した大日如来を尊崇した。特に大日如来を円の中心に描く胎蔵界曼荼羅を伊勢の内宮（天照大神）とし、金剛界曼荼羅を外宮（豊受大神）とし、胎蔵界と金剛界の両界（二宮）が一体となって大日如来の顕現を仰ぐ〝二宮一光〟を説いた。

　鎌倉時代になると、伊勢の神宮（外宮）の神官度会氏の人々が、従来の日本の神々を本地とする〝逆本地垂迹説〟を唱えるようになる。これが伊勢神道思想の黎明ともいえる。度会行忠（一二三六～一三〇六）らは独自の神典として、『天照坐伊勢二所皇太神宮御鎮座次第記』『伊勢二所皇太神宮御鎮座伝記』『豊受皇太神宮御鎮座本記』『造伊勢二所皇太神宮宝基本記』『倭姫命世記』など、いわゆる神道五部書を作成していった。鎌倉時代は仏教や儒教の思想に対して、神道が自らの言葉化を自覚し、神道の世界観や道徳論で独自性を模索した時代といえる。伊勢神道はこころの清浄を保ち、神々や万物の真理との合一を旨とした。また、鎌倉幕府の『御成敗式目（貞永式目）』第一条には「神者依人之敬増威、人者依神之徳添運[2]。」〝神は人の敬によりて威を増し、人は神の徳によりて運を添ふ〟と、あるように、神々は人々の祈りによって力を増し、人々は神々の加護によって平安を得るという祈りに特化した中世神道思想の特徴も際立ってくる。

　室町時代になると、吉田（卜部）兼倶（一四三五～一五一一）による吉田（唯一）神道は〝根本枝葉花《こんぼんしようか》実説《じつせつ》〟を唱え、神道を根本として強調しながら、儒教を枝葉、仏教を花実として理解し、その根本の同一性を説いていった。神々への祈りに重きを置く中世神道思想の宗教性から、世俗化へ向かっていく過程が近世の流れの一端といえる。ただし、近世と目される江戸時代に至っても、中世神道思想の影響は強かに残された。こうした〝本迹二門〟〝本地垂迹説〟〝二宮一光〟〝逆本地垂迹説〟〝根本枝葉花実説〟とは、〝甲は即ち乙と同じ〟という思考において、広漠な〝一即多〟を彷彿とさせる。こうした〝甲即乙〟の二項関係、あるいは〝甲即乙・乙即丙・甲即丙〟の演繹的三段論法をも〝一即多〟の一端と見るならば、論理的に数式や言葉を重ねていく様式美は、物理学者、数学者のアンリ・ポアンカレ（一八五四～一九一二）の言葉〝数学とは異なるものを同じものとみなす芸術である[3]〟が意味する数学的美意識に通じるのかも知れない。

近世、江戸時代の人でありながら、中世神道思想を引き継いだのが、吉川惟足《よしかわこれたり》（一六一六～一六九四）である。この惟足とは、京都の公卿萩原兼従から吉田神道の最高奥秘・神籬磐境《ひもろぎいわさか》の伝を授与され、天児屋命《アメノコヤネノミコト》第五十四代の道統継承者となり、さらに、徳川幕府の初代神道方《しんとうかた》に就任した神道学者である。この惟足も『日本書紀』（神代巻）を最上の書として尊重し、『神代巻惟足抄』『神代巻惟足講説』『日本書紀（神代巻）聞書』など、『日本書紀』神代巻をめぐる多くの講義筆記を残している。

惟足は中世神道思想に内在する儒教・仏教・道教・陰陽道などとの相互に複雑な影響関係を闇雲に否定することも、混同して同化することもしない。惟足の『神道大意講談』には、「嶺よりおつる処の水と、落て江河になる処とは、其水は全くかはらねども、其用各別なることぞ、儒仏の二教は流にたとふ、神道は宗源とて、嶺より出る端的の水にたとふる也[4]」と、記されている。惟足は神道を分水嶺に湧く水にたとえ、嶺を分かつ二筋の流れを儒仏にたとえ、神道と儒仏二教の関係を本体とそこから派生する作用。つまり、体用の関係で表現した。惟足自身は神儒一致を標榜し、特に、仏教思想に批判的な姿勢を示す。しかし、神道と儒教・仏教との関係を水と流れという体と用の関係で説くことは、仏教の『大乗起信論』の援用ともいえる。

仏教伝来以来、連綿と継続する神道と仏教教学との関係を、惟足一人が合理的に分離分割することなど、容易になし得るはずもない。惟足は吉田神道の道統継承者として、元本宗源の吉田の行法（祭祀の作法）に内在する密教（胎蔵界・金剛界）の形跡を仏教理論として認知し、それを排除することもない。敢えていえば、仏葬を定めた寺請制度下において、会津藩主保科正之の葬儀（神葬祭）[5]をめぐり、読経など仏式の排除を強行し、幕府の神道方としての矜持を保った。

また、『荘子』斉物論に記された「天地与我竝生、而万物与我為一[6]」との一節が、万物即一体ではなく、元々を遡及することによって感受し得る天と人との相対的同一性を説く思想と理解し得るならば、惟足の天人合一は、紀元前三、四世紀から継承される道家思想と相同の関係として集約され得る。

惟足は万物の始めを説く『日本書紀』神代巻冒頭の記述を、伊弉諾尊の神語（神の歌）として特化した。渾沌の始め、神人は一体であった。それゆえに、人々の心は神々と感応し得ると考えたのである。敬《つつしみ》をもって古の渾沌を思念することで、神人合一の境地に至ると考えたのだ。惟足は、吉田神道の道統継承者として、神々と人々との相互伝達、或いは、交流手段に果す歌の役割を繰り返し強調した。まことの心で詠む心詞諄歌は、天地神明に納受される。『日本書紀』が読み継がれる限り、『日本書紀』冒頭に記された伊弉諾尊の歌は人々に誦読され続けることになる。

国常立尊《クニノトコタチノミコト》と理気

国常立尊《クニノトコタチノミコト》とは『日本書紀』本文で、数多の神々に先んじて最初に化生する神である。吉川惟足《よしかわこれたり》は、国常立尊が化生する以前の牙《きざし》（万物の質料となる一気）を含む古の渾沌を、未生の国常立尊と同一視して尊重する。一方、国常立尊化生以後を已生の国常立尊とし、その已生の国常立尊を起点とし、そこに万物を収斂させる。つまり、惟足は国常立尊を化生以前の未生の国常立尊と、化生以後の已生の国常立尊とを分化し、そのうえで、未生已生それぞれの国常立尊を同一視し、万物を包含する永遠なる存在として、国常立尊を強調していく。さらに、惟足は、万物を遡及した先にある思弁的な古の渾沌とこころの感応を神人合一（天人合一）の境地とみなしていく。

『生死落着』によれば、惟足は『日本書紀』冒頭を、以下のように理解している。

其始の天地を茲に取出されて、古天地未剖、陰陽不分、渾沌如鶏子、溟涬而含牙と伝。此文は伊弉諾の神語にして、日本紀を舎人親王撰せられてより以来は、日本紀神代巻の発端に挙られし、爰が万物の始ぞ。爰の古は今日上古中古下古の古にはあらず、天地未生以前を指して暫く古と下されし。古に、天地も未剖陰陽も不分時あり、其所をまろかゝると云、まろかゝるとはまろける心、丸き姿ぞ。天地未生以前の所なれば形相にあづからず。然れば丸いと云形もなき所なり。然れども万物一気一理にあつまる所なれば、丸いとならでは詞は下しがたい。丸いと云は則理気の形ぞ。喩へば灯をかゝぐるに、其光り坐中に充るぞ。爰は無始無終一気一理の本元にして、三教共に眼をさらす所にして、深々妙々の所ぞ。其まろかれたる所は、何とも説くべきやうなけれども、暫く手を下されて混沌たること如鶏子と也。今日万物となる所のものは、未だ形なき天地未生の所に備る。喩へば鳥の玉子の如し、其玉子を見るに、内に黄な水を包めり、毛頭茲に何れの鳥となる模様はなけれど、かひこを割る所には、雁は雁、鴨は鴨と、其れ〴〵に形をなして、更にあやまたぬ。天地のひらけて今日万物となる所の姿は如此し。溟涬而含牙とは、くゝもるはこゝのる心、万物一気にあつまりこゝのる心、牙は天地万物の牙ぞ、天地も未だ天地となる時至らざれば、牙を含で動かぬを云。(7)

惟足は、古の渾沌を示す『日本書紀』冒頭の言葉「古天地未剖。陰陽不分。渾沌如鶏子。溟涬而含牙(8)」を、伊弉諾尊《イザナギノミコト》が直接語った言葉（神語）と信じている。惟足はその神が語る言葉の内容について、渾沌や牙《きざし》の理解を中心に解説する。天地も陰陽も未分化の未生以前の渾沌とは、卵のように丸い形相としか比喩できない存在であり、万物が収斂された無始無終一気一理の本元とする。牙《きざし》とは渾沌に包含された万物の一気であり、未活動の質料として捉えることができる。

『神代巻家伝聞書』には、『日本書紀』神代巻第一段第五の一書に記された「便化為人」についての惟足の理解が、「便化為人トカミト云ニ、人ノ字ヲ置ハ国常立ハ無形ノ形、無名ノ名也、コノ無形、無名ヨリ形ヲナシ、名ヲナシテ今日ノ人トナル、去程ニ今日ノ人、即国常立尊也、一念不起ノ処ニ立帰レハ、神人不二ノ悟ヲ得ル也[9]」と、記されている。惟足の主張によれば、国常立尊は無形の形、無名の名であり、この無形、無名より形をなし、名をなして今日の人につながっていくという。つまり、今日の人も国常立尊とつながっているため、一念不起の渾沌に立ち帰って思念するならば、神人不二の悟りを感得できるという。それゆえ、本文の記述が「便化為神」であるにもかかわらず、一書において、「便化為人」と記述され、「神」の字を「人」と置き換え、カミと読ませたという。

ここで強調される「神人不二ノ悟」とは、神々と人々とをつなぐ関係性をいう。ただし、惟足の示す神々と人々との関係性とは、古典に記されるような神生みの事跡に基づく神々と人々との連続した親子関係に基づくつながりの強調ではなく、万物の根元を遡及した先にある渾沌に着目し、無形の国常立尊が一つでありながら、人々を含め万物それぞれに国常立尊を分有するという理解である。つまり、惟足は親子の血のつながりよりも、理一分殊した気のつながりを強調する傾向がある。

また、同書には、「国常立ハ理気混融、合一不測ノ中ニ卓然トシテ、天地万物トナルヘキ牙ヲ含ムモノ、人ニ任テハ、則一真心虚ニシテ霊アル物也[10]」と、記されている。これによれば、国常立尊は理気混融、合一不測の渾沌のなかに卓然として存在し、天地万物となるべき牙《きざし》を含んでいるという。これは人にあっては、一真心であり、虚にして霊あるものとされる。

その気は万物の質料となる実体をいう。諄《くど》いようであるが、動的で激しい気の活動が陽であり、静的で穏やかな気の活動が陰であり、気の動静という現象が陰陽である。万物は気による陰陽の交錯によって生じ、その気が陰陽する所以が理である。さらに、理の心は性（仁・義・礼・智）であり、気の心は情（惻隠《そくいん》・羞悪《しゅうお》・辞譲《じじょう》・是非《ぜひ》）である。情が過度に動くと欲になる。ちなみに、『孟子』によれば〝惻隠の心は仁の端、羞悪の心は義の端・辞譲の心は礼の端、是非の心は智の端〟とされている。(11)このように、気の心である情は理の心である性に通じている。

気を陰陽の交錯と捉え、その元となる太極（渾沌）に万物を収斂させる思考は『易経』など漢籍の援用であり、現象を本体と作用とに分けて捉える思考は『大乗起信論』など仏典の影響が窺える。なお、気が交錯する陰陽は現象という作用であるため、現象の主体である気も用として捉える見識もあるだろう。ただし、本書においては、渾沌に含まれた牙《きざし》を気という実体として強調している。このため、気は体と見るのが常となる。いずれにせよ、体と用の関係も深遠で融通無碍なところがある。

惟足の視点は、理一分殊して万物を成立させる国常立尊が、人のこころのなかに心象として存在することである。人はこころで考えることにより一念不起の渾沌に立ち帰り、そこで神々とのつながりを感得する。惟足の国常立尊理解には、潜在的質料因としての気が、動静という作用において陰陽の交錯を起こし、それにより万物を生ずるとする理気説の援用を窺わせる。

ちなみに、惟足のいう古の渾沌とは国常立尊も太極も未生もほぼ同一の存在とされている。本来ならば、国常立尊とは化生（発現）以後の已生の国常立尊をいうことになる。ただし、惟足は質料として古の渾沌のなかに含まれている一気の牙《きざし》をも、既に国常立尊と捉えているため、古の渾沌に含まれる一気の牙《きざし》を未生の国常立尊として尊重できるのである。

渾沌の理解

宗教学者の薗田稔（一九三六〜）は、『日本書紀』冒頭について、「……唯一超然の神格がまず在って虚空に世界を創造するのではなく、質料的な混沌浮動のカオスから天地と共に生命の萌芽があって神々を含めた世界が創成するさまを物語っているのである」(12)と、いう。こうした渾沌理解も踏まえ、冒頭の記述「古天地未剖。陰陽不分。渾沌如鶏子。溟涬而含牙(13)」、特に「渾沌（混沌）」「牙《きざし》」「葦牙《あしかび》」の理解を中心に、吉川惟足《よしかわこれたり》の古典解釈方法の一端を整理したい。

『神代巻家伝聞書』には、惟足の混沌の理解が、「渾沌ノ中ニ、天地万物トナルヘキ物ノ具ハル体、譬ハ衆味ヲ聚メテ丸シタル如ク也、一粒ト丸シテ渾融シテアレ共、一味一味ノ能力具ハル如ク、陰陽五行万物トナルヘキ理気、混沌ノ中ニ具レリ(14)」と、記されている。『日本書紀（神代巻）聞書』には、「鶏子の如く」の説明が、「こんとんの内より一さい万物となる。其きざしをふくみてわかれたる也。たとへば今日の丸薬の如し。丸薬にはいろ〳〵の薬種を合して、一粒丸となしたる時は何の差別もみえねど、腹中に入て心肝脾肺腎の病それ〴〵の薬力の功をあらはす、天地混沌たる中より万物となるも如此也(15)」と、記されている。『神代巻惟足抄』には、「渾沌如鶏子」の説明が、「冬には収斂して春夏の物を含んでをれども、形又は物のなりも不見也、是敬んで静めしむるときは収斂して天地未生時の気象になる也。鶏子は万理尽く備て有といえども、形に不顕処を形容したるもの也。譬ば鶏卵に鶏となる道理は備て有ども、いづこも尾のなりもなく頭のなりもなし、是を以て理の無跡して形はなければども、此理は全備たると云義理をたとえたり[16]」と、記されている。

惟足は渾沌のなかに、万物となる道理を備えた実体、あるいは陰陽五行万物となる理気が含まれているといい、渾沌を形ではなく、現実の自然界の変化や薬力の効能にたとえ表現する。つまり、渾沌を表現するのに、現象や作用を重視した機能論的姿勢を窺わせる。

一方、『神代巻惟足抄』には、惟足の「含牙」の理解が「含牙は、一気の未差顕ふくまれておる体也[17]」と。そして、『神代巻家伝聞書』には、「含牙、コノ含ム物コソ在天テハ太極ノ元気、人ニ在テハ一霊ノ物ニテハアレ[18]」と。また、「含牙ト云処ハ、無声無臭処ニテ、手ノツカザル処ソ[19]」と。さらに、『神代巻惟足講説』には、「含牙、々ハ息ノ出ルハジメヲ云、物ノハジメナリ[20]」と記されている。

惟足は古の渾沌に含まれる牙《きざし》を、音も臭いもなく、つかみどころの無い事物のはじまりとなる一気の体と認識し、天にあっては「太極ノ元氣」、人にあっては「一靈ノ物」とする。つまり、惟足は渾沌に含まれる牙《きざし》を、太極に含まれる無形の潜在的質料因としての気と認識し、渾沌を不定形として形を持つ形相因と理解する。

『神代巻家伝聞書』には、国常立尊生成の記述「于時天地之中生一物。状如葦牙。便化為神。号国常立尊[21]」に記された「葦牙《あしかび》」の理解が、「此神霊ノ現ル、ヲ云ントスレハ、然モ形モナクテ一霊ノ徳ヨリ動テ、天地ト分レ、人物ト化スル体、辞ニモ、心ニモ、ハカラレザル処ヲ、泥中ヨリ葦ノ牙スニ喩ヘタリ、実ニ形ヲ云ルニアラザルモノ也、人ハ天地ノ霊気ヲ受ル、故ニ天地ノハシマル姿、人心ノ念慮ノ生スルト同シ[22]」と、記されている。

　惟足は、一霊の徳が活動して天地万物となる状態を、葦牙《あしかび》の萌芽する状態にたとえる。体があって用が生じるにしろ、人のこころに念慮が生じるのと同様に、徳が動くという現象（用）は形をもって表現できないとの指摘である。つまり、現象は実体をもって表現できないということである。

　また、『神代巻惟足講説』には、「如葦牙トハツノグムアシノハヱ出タルヤウナト也、今モ水辺ナドノ何モナキ所ニ先ハユルモノハアシゾ、此国ヲアシハラ国ト云、ソノハシメアシノミハヱテ出テタレハ云ナリ、無一物所ヨリ国常立尊ノ葦牙ノ如ク生スルナリ、其形ノ似タルニハアラス[23]」と、記されている。惟足は国常立尊が化生する状態を葦牙《あしかび》の萌芽する生成力にたとえる。つまり、惟足は国常立尊が一物も無いところから葦牙《あしかび》のように化生するという形容を、形体としてではなく、葦牙《あしかび》が萌芽する生成力を示す現象として理解する。

　上田賢治（一九二七〜二〇〇三）は神道的思惟の原則の一つ「存在即機能」について、「神道では、存在の本質と機能とが区別されず、存在は働きであり、働きが存在そのもの、つまり、存在の本質だと理解される。日本人が、抽象的思考を好まず、論理的理性主義に冷淡なのも、同じ根から出た態度だと、言えるかも知れない[24]」と、いう。神道的思惟の特色に滲む機能論的理解に注視すると、ここで示される惟足の渾沌理解は、気を含む不定形な渾沌を、化生以前の国常立尊と認識するのと同時に、葦《あし》牙《かび》の生成力に国常立尊の生成を結びつけ、葦牙《あしかび》を形ではなく、働きとして捉える機能論的解釈であったといえる。

さらに、『神代巻惟足抄』には、「一物とさす処有味、只理とばかり云時は空虚になる、前方含牙とありしと同じ物也、然ども前方は形気未顕処、爰には牙を顕す方也。万物の生ずる気化の始也。状如葦牙、あしは水があれば其まゝ生ずる物也。故に一気の動牙の所に云。便化為神号国常立尊、是前方の含牙物が発生したる始め也」[25]と、記されている。惟足は一物がなるところを空虚と捉え、それを牙《きざし》が含まれた渾沌と同一視する。そして、牙《きざし》を質料的存在とする一方、葦牙《あしかび》を葦としての形相的存在と理解する。葦の若芽の形相はあくまで比喩である。これにより、気である牙《きざし》がいよいよ活動する状態を葦牙《あしかび》の生成力にたとえ、その活動の根元を、万物を生成する永遠なる存在の国常立尊の化生に結びつける。

神道学者の安蘇谷正彦（一九四〇〜）は、『生死秘伝』の記述を拠として、吉川神道の生死観における渾沌（混沌）の意味について、「『天理の一元』とは、前述した『一理一気の本元』としての混沌と捉えられる。とすれば、人間を含めて万物は混沌より生じ、混沌に帰るという基本的な考えが抽出できよう。このような考えが、惟足の生死の道理の基調音として一貫しているように思われる」[26]と、いう。渾沌に帰るとは、人間の死を意味する。

ここで人間の死後と渾沌の関係について触れておきたい。安蘇谷は、神道の生死観を体系的にまとめた先駆者として、惟足の名を挙げ、神道における死の対処法に向き合った嚆矢を惟足と位置づけた。『神道の生死観　神道思想と「死」の問題』には、渾沌（混沌）をめぐる死の問題について以下のように記されている。

(一) 死をどのように捉えたか。この問題については、惟足の人間観が重要な意味をもったため、その点にまず触れておく。①人間の出生について、人間をはじめとする万物の生成は、「混沌」に源がある。死すれば、「混沌の宮」に帰る。なお混沌は「天理の一元」とか「一理一気の本元」という言葉にも置き代えられる。②人間の本性については、神＝人間の心(性)＝万物の霊という図式が成立する。人間の心(性)は天上の神と一体である。しかし、同時に人間には「気質の人欲」が存在する。③人間生活の意味は、人間は天命によって生れるから、天命あるいは性を尽すことにある、とまとめられる。そこで死について重要と思われる主張を捉えてみると、④形ある者は、初中後があり、形質をもつ人間も必ず死＝後がある。⑤天や神は、生を喜び死を憎むなど二点が挙げられよう。

(二) 死後観について。①人間の姿や形は土に帰って消滅するが、心(霊魂)は不滅である。②心は天地の一気(混沌の宮)あるいは高天原(日之少宮)に永遠に隠れる。③人が心をこめて祭れば、来格して祭をうける。④心は天地と徳を合せ日月と光を同じくし万物の造化を扶ける。以上が天命(性)を尽した人間の場合における死後のあり方についての例である。ところが、⑤天命(性)を尽さずに死んだ人間の霊魂は、天に帰れず邪気・妖怪となり、天地の間を流浪して永遠に苦しむ。(27)

人間の生成は渾沌に源を持つ。ゆえに、死ねば渾沌の宮に帰る。人としての形相は、死後、土に返って消滅するが、こころ（霊魂）は天地の一気を含む混沌の宮に、あるいは、高天原または日之少宮に永遠に隠れ住む。人がこころを込めて祭れば、霊魂と人のこころは感応し、その霊魂は祭りの場に来格するという。

ここで、惟足の渾沌の理解をまとめてみる。気であり体である牙《きざし》は無形の質料であり、不定形として形相を持つ渾沌に含まれる。ここに化生以前の国常立尊も含まれる。気は生成力の働きにより活動をはじめ、形体を組織化して、作用としの現象が拡大し派生していく。その生成力の象徴が葦牙《あしかび》である。こうして、天地万物を包含していく形相としての国常立尊の化生に至る。ただし、この神は、化生以前の国常立尊、つまり、渾沌と常に同時に継続して存在している。気による陰陽の動静という作用を、渾沌からの牙の具体化と見て、国常立尊の化生に結びつけるという惟足の理解は、惟足が伊弉諾尊の神語として信じた『日本書紀』冒頭に記された「陰陽」とも整合性がある。

一方、神典の記述を重視する惟足は、「葦牙」から、神々しく漲る葦の若芽の生成力を読み取り、その力の働きを国常立尊の化生に結びつける。惟足の思想のすべてが、宋学の理論に還元されるべきものではない。ただし、惟足が気をもって道理を説明すること、空虚を例示すること、渾沌を太極と同一視することなど、儒教や道教との関わりを無視することはできない。

中国哲学者の佐藤仁（一九二七～二〇二〇）は『中国の人と思想　第八巻　朱子』のなかで、朱子（朱熹一一三〇～一二〇〇）自身と老荘や漢儒の思考の相違点を示している。佐藤仁によれば、程伊川

（程頤一〇三三～一一〇七）は「『動静端なく、陰陽始めなし』といったが、朱子はこの程頤の語をあげて、陰陽の変化には始めもなければ終わりもないこと、つまり、その変化は永遠の過去から永遠の未来に向かって絶え間なく継続するものであることをしきりに強調してくる」[28]と、いう。朱子は程伊川に従い、気の動静である陰陽の交錯、つまり、陰陽の変化の永遠性を強調する。そして、「この世界の根本実在である太極も、陰陽二気の変化と、この変化によって織り成されている現象世界に即して求められてこそ、はじめてほんとうの根本実在といえるのではないか」[29]とする朱子の姿勢を示した。

佐藤仁によれば、古来、「中国には、陰陽が分かれる以前に何物かがあって、その何物かから陰陽が分かれてくる」[30]という老荘思想があったという。ところが「老荘の思想では、たとえば『物ありて混成し、天地に先だちて生ず』などとあるように、天地陰陽が分かれる以前に混沌としたある何物かがあって、これこそが真実在、すなわち道である」とした朱子の老荘批判を示す。朱子は、「天と地、陰と陽、身近なところでは、善と悪、美と醜といったような区別、ないしは差別が生ずるとともに、混沌（道）は死んでしまった。そして、人間の不幸が始まったというのである。朱子によれば、とっくのむかしに死んでしまったようなものを、ほんとうの道とすることができるであろうか」[32]と、自問し、老荘の批判を展開したという。朱子にとっては「あくまでも陰陽二気によって織り成されているこの現象世界に即して求められてこそ、ほんとうの道といえるのではないか。永遠に続く陰陽の変化に即して求められてこそ、道の永遠性も保証されるのではないか」[33]と、佐藤仁はいう。こうした老荘思想に通じるのが「『易』の太極に対する漢儒の解釈」[34]である。

佐藤仁によれば、「漢儒は、この太極を、陰陽に分かれる以前の、混沌とした一元気であるとして、この一元気から陰陽の二気が生じてくるとした。もちろん儒学思想であるから、陰陽二気によって織り成されている相対的な現象世界のことを、老荘のように悪しざまに批判はしない[35]」と、いう。つまり、「陰陽以前に混沌としたものがあるとするところは、老荘と似ている。いずれにしても朱子は、たとえば仏教のように陰陽以外に真実の世界を求めることはもちろん、老荘や漢儒のように陰陽以外になにか混沌としたものがあって、そこから二次的に陰陽が生じてくるとする考え方に対しても批判的であった[36]」と、佐藤仁はいう。渾沌（混沌）の解釈も様々であり、背後の事情から考察するとその構造の複雑さも見えてくる。

太極の認識

人間は受精の瞬間から細胞分裂をはじめ、一から二、二から四、四から八と増殖し、第八週目から胎芽を胎児と呼ぶようになる。八、四、二、一という数列を遡及して、その先の根源を一元に求めれば、そこは太極となる。さらに、その太極の先にある多極や無極を殊更に強調することもできる。『易経』繋辞上伝には「易有太極。是生両儀。両儀生四象、四象生八卦。八卦定吉凶、吉凶生大業[37]」と、記されている。これは〝易ニ太極アリ、コレ両儀ヲ生ズ。両儀ハ四象ヲ生ジ、四象ハ八卦ヲ生ズ。八卦ハ吉凶ヲ定メ、吉凶ハ大業ヲ生ズ〟と読む。太極の気は両儀、四象、八卦へと広がり、万物に至る。したがって、万物は太極の気を共有し、気によってつながっていることになる。自分自身を起点として、ただ漠然と親の親、その親の親といのちの起源を遡及してみると、その血のつながりや、気のつながりを夢想できる。ここに至っては、一か多か、有か無かということに拘るのではなく、徐々に広がり、つながっていくという共感や生の連帯の自覚に気をとめてみることが肝要である。

『神道大意講談』には、万物発現以前の空虚、虚《そら》の状態が、以下のように記されている。

虚無と音によめば道教の詞なれども、そらなきと訓ずる故に、各別の段となるぞ、偽りをそらごとゝ云なり、偽りなきはまことなり、そらと云は実なきことを云、天地の間の虚冲ぞ。されば此の坐敷の中も虚ぞ、天と地の中間を虚と云ほどに、地上のむなしき虚は悉くそらぞ。物あればそらとは、不謂也。天地未分の時は天地の形となるべきものも、万物の本体も、渾融合一にして有ほどに、虚と云べき処更になき也。そこが国常立尊の根本の境界なれば、そらなきと云なり。……儒より難ずる処の詞の病は、虚無と云時のこと也、それは尤ねなしかづら也。彼れが虚無は、虚にして無なれば力なし、吾道の虚無と云処は、其実にして虚にあらず。(38)

吉川惟足《よしかわこれたり》による虚無の捉え方は、虚にして無ではなく、「そらなき」である。そらとは実体の無いことをいう。したがって、形体としての物質があるならば、それをそらとはいわない。神道では、実の無いものはない、つまり、絶対無がないのである。これにより、惟足は国常立尊が化生する以前の天地未分の渾沌に、万物の本体が質料として内在するという理解を示す。

さらに、『神道大意講談』には、以下のように記されている。

老仏の見は、一切無より生じて無に帰ると意得る也、是を無生有と云也。こなたには甚だ是を嫌ふこと也。儒には大極の注によく云へることあり。吾道にひとしき処あり、先大極は渾沌ぞ。天地陰陽の全体を大極と云た処は、此方の渾沌と説く処によく叶ふたぞ、扨注に無中に含有と云へり、天地未分の処には、何もないと云ふことにはあらず、万物の本体、歴々然としてあること也。さればとて形の見えてきらりと物のあるにはあらず、故に無と指して其中に有を含むと云処、尤殊勝なる理なり。無生有と云も、似たることは似たれども、無中に含有と云処とは、各別の重き也。無中に有を含むと云処は、此方にくゝもって含牙と云へるに必旨と合ひたれば、尤殊勝なりと云こと也。(39)

惟足は無から有を生じるという道教や仏教の見識を否定する。これにより、渾沌を無と認識することはない。その一方で、儒教でいう太極を神道でいう渾沌と同一視する。つまり、「無中に含有」の表現について、惟足は『日本書紀』冒頭に記された「溟涬而含牙」により、天地未分の渾沌に可視の形相がなくても、不定形の渾沌のなかに質料として万物の本体が存在するというのである。

十五世紀後半の吉田神道書『唯一神道名法要集』には、儒道仏三教と神道の関係について、「吾唯一神道者、以天地為書籍、以日月為證明、是則純一無雑密意也、故不可要儒釋道之三教者也、然雖為如此、為唯一之潤色、為神道之光華、広存三教之才学、専極吾道之淵源者、亦有何妨哉(40)」と、記されている。〝吾が唯一神道は、天地をもって書籍とし、日月をもって證明とする。こうした自然の運行は純一無雑の密意である。これにより、神道は儒教・仏教・道教の教法を必要としない。しかし、唯一神道に光彩を添えるため、広く三教の才学を身につけ、神道の淵源を極めることは妨げない。つまり、神道の根源を究明するために、他教の詞を援用しても、神道の冒瀆にはならない〟と、いうのである。こうした吉田神道の姿勢は、惟足にも継承されている。

『神道大意講談』には、「虚無とは道家の詞なり、何ぞ是を用ふるぞと、謗難を来す方あり。神道の大意を申せば、百千の書籍も皆此書による。大綱を引時は無量の網目動くものなれば、三教の詞、自然と出合こと有べき也。神道を談ずれば、吾道にかぎらず、諸道皆是により、大意を顕らはせば諸教悉く動くことぞ(41)」と、記され、加えて、『神道大意講談』には、「総じて三教の詞なればとて無体にきらうて、けづりすてよとにあらず。其理にあたらぬ時は捨之、天理に叶ふ時には免之(42)」と、記されている。惟足は儒道仏三教が持つ特質の差異を認め、その是非を論じながら、その優先順位を示している。ただし、惟足は儒道仏三教に対して排他的姿勢をとることはなく、理に適うならば、他教の詞で神道を説明することを否定しない。それは惟足に吉田神道の道統継承者としての自信と矜持があったからであろう。

詞とは絶対的不変なものではなく、時代によって、解釈によって、融通無碍で変幻自在である。したがって、主体の認識する神典の記述と整合性があるならば、教条的に他教の詞を排除する必要はない。必要なこととは神道を神道として主体的に思考する志向性である。しかし、一元気の発想により、多様な価値基準のなかで個別に存在する宗教理論のすべてを神道一つに還元しようとするならば、地域的時代的な特色を含めた多様な文化現象の持つ個別的独自性はその意味を失うことになる。

以上、惟足の神道理解には、神典に記された渾沌と太極を同定し、そこへ国常立尊を結びつけ、国常立尊の化生とそれ以前の渾沌に万物を収斂させるという一元論的傾向を窺わせる。ただし、渾沌のなかには無数の一元気が含まれているため、これを多元と見ることもできる。

ちなみに、諸橋轍次著『大漢和辞典　巻三』には、「太極図」の説明が、以下のように記されている。

宋の周敦頤が工夫した図形。其の解釈を記したものを太極図説といふ。太極、即ち宇宙の根本を図解し、万物発展の理由を明かにしたもの。天地万物の本源を太極といひ、之によって陰陽二気を生じ、二気が分れて木・火・土・金・水の五行となり、五行の精が凝合して人類を生ずる。人類は五行によって仁・義・礼・智・信の五性を得るから万物の霊となる。然し乍ら此の五性を動かして外物と接する時、其の行事に善悪の差別を生ずるから、聖人は中正仁義の道を立てて静を主とし、以て正に復帰せしめると説く。(43)

未生已生論

神道学者の千葉栄（一九一三〜一九八四）は、『吉川神道の研究』のなかで、以下のように述べている。

惟足は混沌を太極となし、一動一静陰陽五行発生となり万物化生する「太極図説」の宇宙論を以て万物の元初を国常立尊一神の神理に帰す。即ち国常立尊は無形にして有形、無名にして有名の神であるが、無形は形而上に属し有形は形而下に属し、宗教的哲学的な神であり又人格神である。而して、無名は多元を意味し、有名は一元を意味する。故に八百万神の名は国常立尊の異名であり、多元は一元に帰一されるのである。(44)

千葉の指摘によれば、吉川惟足《よしかわこれたり》は渾沌（混沌）と太極と国常立尊を同一視する。ただし、化生以前の国常立尊は無形で形而上の多元的な存在であり、化生以後の国常立尊は有形で形而下の一元的な存在とし、多元は一元に帰一されるという。つまり、化生以前の未生の国常立尊は渾沌に含まれる数多の一気のような牙であり、この気が陰陽の活動をはじめ化生以後の已生の国常立尊に帰一されるというのである。しかし、渾沌と同一視される化生以前の国常立尊は、国常立尊の化生と同時に、化生以後の国常立尊に吸収されるのでも、消滅するのでもなく、常に渾沌は渾沌として渾沌の場に存在し続ける。むしろ、惟足は古から続く渾沌とのつながりを重視する。それゆえ、神人合一の境地を得るため、人々が渾沌を思念し、渾沌の場と感応することを重視する。

このような渾沌の世界と我々の現実世界との関係性を説いたものが、吉川神道の未生已生の説である。したがって、惟足は渾沌の世界に万物を収斂することはあっても、渾沌の世界が国常立尊の化生に向けて一元的に帰一されると考えることはない。つまり、渾沌とは数多の気が含まれた多元的な時空間であり、ここに未生の国常立尊も含まれる。一方、已生の国常立尊が化生する一瞬とは、万物を遡りすべてが帰一される一元的な瞬間であり、これ以降が已生の世界となる。

『神代巻伝書』(二冊目)「八洲起源之段」には、未生已生論を重視する惟足の姿勢が、以下のように記されている。

此段ハ未生ノ諾冉二尊也。吾道ニ未生已生ヲ説ク事。古萩原大納言兼従卿ノ時迠ハ。一往再往ノ講談ニハ述ラレヌ事也。然ルニ兼従卿神海霊社ト祢スヨリ視吾堂霊社惟足従時ヱ神道国学道統附属ノ後兼《ママ》卿ヱ惟足申シ上ケラル、ニハ。未生已生ヲ説カスシテハ。書ノ道理一往ノ合点モ得難キ旨ヲ窺ハレシ。故ニ兼従卿ノ御答ニ其方ヘ道《ママ》附属ノ上ヘハ時有テ講スル節ハ。如何トモ其方心次第ト有テ。是ヨリ〆一往ノ講談ニモ。此未生已生ノ釈ヲ述ル也。[45]

惟足が『日本書紀』神代巻解釈に未生已生論を重視する姿勢は、惟足独自の古典解釈方法と考えられる。惟足は吉田神道の道統附属の後、師である萩原兼従に対し、神典理解を効果的に進行するため、講談のなかで未生已生論の道理を解説すべきだと主張した。以後、一往の講談でも、惟足はこの説を講釈している。このように、惟足が吉川神道（吉田神道）の『日本書紀』講談に未生已生論を加えたことは、惟足独自の発案であることが確認される。

未生已生論は『日本書紀』神代巻の大八洲生成章の解釈である。『神代巻惟足抄』には、未生已生についての記述が、「伊弉諾冉も未生の時に伊弉諾冉の理備て生れ玉へり。其未生じ不結時に此理の全備るを以て未生の伊弉諾と云なり。日用物に向て其まゝ詞を発するは非道。未発時に此所以を勘弁して詞を発すれば過悔もなし[46]」と記されている。

また、『神代巻惟足講説』には、「未生ノ伊弉已生ノ伊弉也、未生已生ハ儒ニ云、未発已発ノコトシ、天地未生已前ニハヤ開クヘキ理カ有テサテヒラクル事ソ、発端ノ溟涬而含牙是ナリ、万物トナルヘキ理、カナラス以前ニアルトミルカ神道也、老子ニ云、虚無自然ト云ハ此理ト不同、此未生ハ不言ノ言ナリ、此伊弉諾ハ、……未生ノ伊弉諾ト云相伝ナリ、此心得ナクテハ次下ニ至テサトサレヌ事ノミ也[47]」と、記されている。

そして、『神代巻家伝聞書』には、「コノ伊弉諾、伊弉冊ノ両神ニハ、未生已生ト云伝アリ、未生ヲ云トキハ、天地開闢以前ヨリ歴然タル、陰陽二気ノ神已生ヲ云トキハ、既ニ開闢シテ国常立尊ヨリ、七代ノ功作ヲ経て、全体具足シ玉フ、男女夫婦ノ神也、コヽノ両神ハ未生ノ両神、二気感通ノ理ヲ説ソ」[48]と、記されている。

惟足の認識する未生とは、万物が形として発現する以前の万物の牙《きざし》を含む状態、つまり、未生とは古の天地未剖の渾沌と同一の存在といえる。未生の神とは、天地開闢以前から渾沌の世界で歴然と存在する無形の気の神となる。惟足は儒教の未発已発の概念を既に認識したうえで、開闢以前に特別な意味を見出している。これにより、その理論の根拠に宋学の理気説があることは明白である。

ここで確認すべきは、惟足の未生已生論と、十四世紀に度会家行（一二五六～一三五一？詳細不明）が著した伊勢神道書『類聚神祇本源』「神道玄義篇」文中の「神祇書典之中。多以天地開闢為最。神道門風以之不為極歟。所志者。以機前為法。所行者。以清浄為先」[49]と、「以機前為法。兼機後含徳之証如何」[50]との関係である。

神道史学者の小笠原春夫（一九二五～二〇一八）はこの機前と機後について、「機前と機後」のなかで、以下のように述べる。

古典はほとんど天地開闢を以て始まるが、神道の門風は実はそこを極みとはせず、「所志者以機前為法」といふ。之によれば機前とは「天地開闢以前」に外ならずこの機前が所志であり神道の門風であり「極」である。然らば、機後とは開闢以後を意味し、それは含徳の世界を指し、先の所志に対し、所行者以清浄為先もここに含まれるものと解される。即ち天地開闢を「機」として それ以前と以後とがここに取上げられてゐるのである。[51]

また、小笠原は天地開闢を「機」として、その機前と渾沌（混沌）を結びつけ、以下のように述べている。

然らば、かかる開闢以前への志向といふことは家行並に常昌等の思想的信仰的基盤ともなつてゐる。「神道五部書」では如何といふに、

○蓋聞天地未剖陰陽不分以前是名混沌　（宝基本紀）
○神道則出混沌之堺帰混沌之始　（同）
○故神人守混沌之始屏仏法之息崇神祇　（御鎮座伝記）

かゝる如き場合の「混沌」といふことがそれである。混沌とは天地開闢以前なのであり、神人の守るべきところ、神道の帰出するところであつて、畢竟、機前といふことゝ等しい理念であるとみられる。（尚数例あるも略）従つて、開闢以前への尊重、志向といふことは、語る言葉こそ異れ、伊勢神道には凡そ一貫して流れてゐたと見ることが出来る。(52)

小笠原の指摘から、惟足の示す未生、つまり、渾沌（混沌）と伊勢神道の示す機前とが同一であることが了解される。このように、惟足の未生巳生論の概要は神道思想のなかで、惟足独自の発想であったとはいい難くなる。ただし、兼従の時代の講義には用いられなかった未生巳生論を、効果的な神道講義の方法として重視した惟足の姿勢は特筆すべき事実である。こうして、未生巳生論を活用した古

典解釈は、吉川神道独自の方法として特徴づけられた。

前述のとおり、未生と已生の関係は時間の経過、つまり、時間の移り変わりとなる時系列を示すものではない。未生と已生は常に同時に存在している。未生の渾沌は、国常立尊の化生と同時に、その已生の国常立尊へ吸収されるのでも消滅するのでもなく、渾沌は常に渾沌として渾沌の場で今もなお存在し続けているということになる。

それでは、惟足はこの未生と已生をどのように関連づけたのであろうか。惟足は未生と已生の関係を天浮橋の理によって説明する。『神代巻惟足抄』には、天浮橋についての理解が、以下のように記されている。

天浮橋は、あまはひらく声也、天は理也、中也、中体の徳を備へたる也、天地の中は神明の妙体也、中を備られて中道を行る也、皆神明の名義也。天の唯一より万物にはりくはる道理一物一太極也。万物の姿は天理をはりそなへたる也、浮は大虚を貫き、橋は天地に渡る、浮は地形にかゝらぬ物なり、定たる体なし。橋は不通を通ずる物也、畢竟道体の用をなす所を名付て云、儒道に感応と説が如し。譬ば此妙体を以て行ふ時、君臣上下の間夫婦朋友の中も浮橋の道理を以て感ずれば不応と云ことなし。(53)

惟足は天浮橋を実体的な橋とは理解せず、大虚を貫き、天地に渡り、二辺の対立を離れた中道により、未生と已生を感応によって結び、未生の作用を已生の世界に伝えるための声と認識した。

歴史学者の平重道（一九一一〜一九九三）は、『吉川神道の基礎的研究』のなかで、『神代巻惟足抄』の記述から、惟足の思想の特徴となる未生已生について、以下のように述べている。

未生已生には二つの側面が存在する。一つは人間の思念の原理一般を示すものであり、一つは神代巻の解釈の方法を示すものである。前者についていえば、人間は已生の物ではあるが、物事を根本的に思念する場合には、「一念不起に立帰て慎む」ことが大切であり、天浮橋の理によって未生の世界を感得しなければならない。両尊の神話はそうした人間の思念の原則を表現したものである。したがって神代巻の解釈其物に限定して考えると、未生已生は神代巻の叙述の特色であり、理解のかぎということもできる。神代巻は単なる史実書でもなく、理論書でもない。人間が未生已生の両界を往来する姿を、そのまま叙述しているのである。すなわち天人一致の表現に他ならないわけである。(54)

惟足の没後、およそ半世紀を経た十八世紀後半、谷川士清（一七〇九〜一七七六）の『日本書紀通証』、河村秀根（一七二三〜一七九二）・益根（一七五六〜一八一九）らの『書紀集解』、本居宣長の『古事記伝』など、文献実証の立場を踏まえた神典の注釈書が次々と成立した。ただし、膨大な客観的記述解釈を積み重ねて導き出された歴史事実も、時の流れのなかでは作業仮説に他ならない。史料とは有限であるため、誤記もあれば、曲学阿世の徒による改竄や曲解もあり得る。だからこそ、新たな史料や解釈が提示されたなら、対象とする史料について、いつ、どこで、だれが書いた記述であったのか、あるいは、どのような立場の人が、どのような状況下において、どのような目的をもって書き残した記述であったのかに注目し、速やかに、それらの有効性や信頼度、あるいは、信憑性を見極める検証を施し、それに批判を加えて、ときとして、定説を覆していくのが学問の姿勢のはずである。

新たな検証に必要な諸資料の選択は、観測者たる歴史家の主観に依存する。歴史家というのは、史料に基づき、過去の事象を叙述する専門の学者や研究者のみをいうのではない。現代においては、記事が文献資料（史料）として、大学や図書館で半永久的に保管（所蔵）される書籍、雑誌、新聞などの記者や編集者、また、歴史の記述に関わる多くの人々も含まれる。このため、歴史家には強い自覚が求められる。しかし、一部の歴史家の頭のなかには、厳密な批判を経た史料が、目前に山積みにされようとも、その史料の価値を評価できず、あるいは、あえて評価せず、恣意的な前提や先入観を、すべてに優先させることがある。

政治的意図や民族的願望や恣意的物語に翻弄されることなく、客観的な史料批判を経た言説であるならば、その解釈の幅を多様性と見なして寛容に許容するのが健全な姿勢である。当然、個々人のなす解釈には必然的に主観が影響する。このため、多様性に基づく寛容な解釈の幅が与件として必要になる。したがって、個々様々な主観が原動力であるはずの個々人の集まりが、組織を基軸とした歴史解釈を強要し、過度な共通認識を謳い、それをもって、未来永劫変わることを許さない金科玉条を施そうなど、笑止千万である。そういう組織的行為は、集団による原理主義、教条主義、全体主義に外ならず、他を強権的に弾圧する強要であり、多様な個別性や特殊性に向けられた不寛容そのものである。

確かに、情報や価値の多様化した現代において、客観的な史料収集や史料批判を公正公平に処理することは困難である。そもそも、主観や主体性は個々人の起筆の動力因になり得る。このため、歴史家を主体的に動かしているのは客観的検証よりも主観的意識や勢いであるということも了解しておくべき必要がある。そうであるからこそ、偏見や先入観のなせる業を整理することにより、たとえ困難であっても、出来得る限り客観的であろうとする姿勢を保ち続ける必要がある。歴史家を名乗る人、あるいは、そう呼ばれることを自ら許している人は、その時々の記述を尊重し、史料に忠実に是々非々に対処するという矜持を持つべきである。文献実証に必要な史料が有限である以上、我々は常に新たな解釈や史料を謙虚に受け止め、厳密に批判し、検証し、仮定された事象を再検証、再構成し続けなければならない。

惟足は吉田神道の道統を継承する神道家として吉田家伝を墨守した。とりもなおさず、こうした惟足の姿勢が吉川神道の記述学的側面の限界を示すものとなった。一方、神典の記述を尊重するも、その歴史の考証のみに拘泥せず、自ら信仰する神典の記述やその行間から趣旨を読み取り、こころで感じ取り、そこに象徴されるものを自ら思考することに信仰の価値を見出した。したがって、惟足は神代巻の記述をすべて事実として盲信することはなく、比喩として認識し、そこに象徴される自然の恵みや神々の働きを当為として尊重した。吉川神道にとっての『日本書紀』神代巻とは、未生已生論に

料金受取人払郵便

本郷局承認

5597

差出有効期間
2024年8月31日
まで

郵便はがき

113-8790

408

（受取人）
東京都文京区本郷1・28・36

株式会社 ぺりかん社

営業部行

購入申込書	※当社刊行物のご注文にご利用ください
書名	定価［ 円+ 部数［
書名	定価［ 円+ 部数［
書名	定価［ 円+ 部数［

●購入方法をお選び下さい（□にチェック）	□直接購入（代金引き換えとなります。送料＋代引手数料で900円+税が別途かかります） ※送料は改定となる場合がございます □書店経由（本状を書店にお渡し下さるか、下欄に書店ご指定の上、ご投函下さい）	番線印（書店使用欄）
書店名		
書　店 所在地		

書店各位：本状でお申込みがございましたら、番線印を押印の上ご投函下さい

読者カード

※ご購読ありがとうございました。今後、出版のご案内をさせていただきますので、各欄にご記入の上、お送り下さい。

書を何によってお知りになりましたか

書店で見て　□広告を見て［媒体　］　□書評を見て［媒体　］

人に勧められて　□DMで　□テキスト・参考書で　□インターネットで

その他［　］

購読の新聞［　］

雑誌［　］

書目録をお送りします　□要　□不要

心のある分野・テーマ

［　］

書へのご意見および、今後の出版希望（テーマ・著者名）など、お聞かせ下さい

ふりがな	性別	□男　□女	年齢	歳	
	所属学会など				
業名		部署学部			
	電話	（　）			
〒［　－　］					
書店	市・区町・村	書店			

客さまの個人情報を、出版案内及び商品開発以外の目的で使用することはございません。

より神道を説く神典であり、身を慎み、天下国家を修める道理、つまり、近世の神道思想として、日本という国を哲学させる導きの書物となっていったのである。
平は『吉川神道の基礎的研究』のなかで、神代巻講義に示された惟足の思想を以下のようにまとめている。

惟足は天地万象の根元を一理の妙体と規定し、この妙体が天地にあって神となり、人にあって心となる。この妙体が国常立尊である。妙体はすなわち未生の神であり、これが発現して形を成せば已生の神となる。未生、已生の交通が感応の理であり、感応によって天人は合一する。感応のためには已生の人は清浄によって身心の内外を清浄にし、つゝしみ、正直を体現し、至誠を尽して神を拝し、心徳を一念不起のところに立ち帰って思念しなければならない。かくすれば心の妙用が作用し、已生の事と未生の理とが相通じて、天人一致の境地が実現される。このような純真な心境において、国を守り、民を治め、自分を修める道を実行していくのが神道の目的である。神代巻はこのような神道の思想を、未生已生、理事相応の立場から説明したものであり、これが神道思想の組み立ての特色であるとともに、神書を正しく解釈するかぎとなるものであった。(55)

惟足は、『日本書紀』冒頭に記された天地未生の渾沌と国常立尊とを同一視し、生成力漲る国常立尊に万物を収斂させていく。つまり、未生の国常立尊と已生の国常立尊を同一視することにより、万物を包含する国常立尊が、過去にも未来にも永遠なる存在なのだと理解する。そのために、惟足は神典を読み思考し、一念不起の渾沌を思念し、その渾沌に立ち帰ることにより、神人合一、天人一致の境地に至り立つことを確信し、正しい神代巻解釈に基づく渾沌理解の重要性を強調したのである。

惟足が古典の正確な理解に求めるものは、已生の現存在世界の我々が、未生の世界とのつながりをこころで感応し、神人合一、天人一致の境地を得ることである。ここで問題になるのは、思弁的な未生という存在を尊重する理解が、已生の現存在世界を二義的なものに貶める姿勢である。つまり、惟足の古典解釈方法は、神道の極所を天地開闢とはせず、それ以前の渾沌を重視する伊勢神道や吉田神道など、中世神道思想の域から脱却し得ていないという事実が窺える。

そもそも『日本書紀』冒頭「古天地未剖。陰陽不分。渾沌如鶏子。溟涬而含牙」の「渾沌」(混沌)は、あくまで渾沌を意味する。渾沌に含まれた牙《きざし》が質料具現の可能性を示すものであろうとなかろうと、渾沌のさらなる先の古に、何かがあろうとなかろうと、渾沌は渾沌であり、それ以上でも以下でもない。『日本書紀』冒頭の記述に、無から有を生じるという概念が成立しない以上、『日本書紀』において、創造神としての唯一絶対の超越的存在、あるいは、現存在世界から外在し、この世界を観測者として俯瞰するような主体は想定できないはずである。

ただし、『日本書紀』冒頭の時間は、一瞬の今という一時点を語らず、古と未来を含めた今以後、つまり、古という今以前の過去と未来を含めた今以後との前後関係によっている。『日本書紀』の冒頭〝古天地未剖〟が示すように、古の天と地が分かれていなかった時とは過去の未来である。今現在、天と地は分かれているため、ここに記された未来の情景は過去に完了し、現在も継続している未来完了の性質を帯びている。そうであるならば、今を特定せず、時の移ろいが前後関係のみによって認識される時間構造は、四次元主義との親和性が高いということになる。

三次元空間で生きる我々にとって、過去は記憶であり、未来は予見であり、ともに存在しない。存在するのは一瞬の今のみである。これにより三次元主義を現在主義という。一方、三次元空間に時間を加えた四次元時空においては無数の過去・現在・未来が同時に存在するという。したがって、その時間に外在し、その世界を俯瞰する観測者は無数の過去・現在・未来のなかから、どこが今であるかを特定できない。ここで認識できるのは先・後という前後関係のみである。こうした四次元主義に基づけば、非線的な異次元時空との感応も不可能だとはいいきれない。

いずれにせよ、三次元空間で生きる我々が四次元時空を体験するなど不可能な話である。ただし、こうした時間や時空の捉え方が成立するのも有用な見識である。惟足の神人合一は疎か、易の太極も、華厳の一即多も、アウグスティヌスの永遠の今も、宋学の理気説も、ニーチェの永遠回帰も、一度、否定はしてみたものの、新たな視点において、どれもが思想として輝きを持ちはじめていく。

天人合一（神人合一）と天人唯一

吉川惟足《よしかわこれたり》は垂加神道家の山崎闇斎《やまざきあんさい》（一六一九〜一六八二）に吉田神道を教授し、「垂加」の霊社号を贈諡した。惟足が強調した天人合一・神人合一や敬《つつしみ》の観念は、垂加神道において、より一層、儒学理論との整合性を図っていく。惟足も神代巻冒頭を思念し、敬をもって人の根源を遡及することに留意し、国常立尊との天人合一の境地を感得することに力を注いだ。しかし、闇斎が示す天人唯一は、天と人との直接的同一性を説き、神に対する絶対的信念を色濃く窺わせる。

平重道は『吉川神道の基礎的研究』のなかで、「神人合一の実現」を「神道の眼目」と説き、吉川神道の特質を以下のように述べている。

人間が本来の人間性に帰るには、心の神明をよびおこし、神人合一、天人一体の境地を実現しなければならない。已生の事実に束縛されることなく、未生の根元に立帰り、道体の誠より発する明智を以て、理非曲直を判断することは、心中の神性を発揮し、国常立尊と一体となることによって初めて可能である。神人合一の実現こそ神道の眼目である。(56)

平は敬《つつしみ》が神人合一を可能にする方法と説き、「神の働きは公正であり、正直であり、一点の陰影もない。すなわち誠（まこと）であり、誠に達する道は『つゝしみ』、敬である。誠こそ神の道、天地生成の原理であり、『つゝしみ』はまた人の道でもある」(57)と、いう。惟足は国常立尊と渾沌（混沌）とを同一視しているため、敬をもって渾沌の一念不起に立ち返る姿勢そのものが、同時に国常立尊との神人合一を意味することになる。次いで、平は「近世の神道思想」のなかで、「祓には内外清浄があり、外清浄で身体に附着した汚穢、罪障を洗い落とし、内清浄で邪念妄想を除いて精神の潔白を保持し、これによって誠心に到達し、一念未発の混沌に立帰ることができる」[58]と、いう。平は一念不起の渾沌に立ち返る方法は祓による敬《つつしみ》の実現だというのである。

哲学者の和辻哲郎（一八八九～一九六〇）は、「尊皇思想とその伝統」で、「唯一」、「天人合一、天人一致、天人一体」の術語から、闇斎と惟足との古典解釈の差異を以下のように述べている。

この場合の唯一は儒仏との習合を排してわが国の道一条を説くことを意味する。すなわち混合主義（Synkretismus）に対する純粋性の主張である。しかるに闇斎は天人唯一の語によって「道天人を貫く」という道の同一性を、さらに進んで天と人との直接的同一性を、言い現わそうとした。問題は全然別なのである。闇斎は右のごとき天人唯一の道が日本紀神代巻に明らかに表現せられているのを見た。闇斎をしてここに着目せしめたのは右にあげた吉川惟足の天人一貫の説であろうが、しかし惟足は『神代巻惟足抄』において天人合一、天人一致、天人一体等の語を用いているにかかわらず、天と人との二が一気一理の根源において一であることを説くのであって、闇斎のごとく二者が直ちに一であることを主張するのではない。[59]

和辻は引き続き、「大八洲生成の章（国土生成神話）」の解釈を例に、惟足と闇斎の相違を、以下のように述べている。

たとえばイザナギ・イザナミ二神の国土生産は、惟足にとっては造化陰陽の過程であって人間的な生殖過程ではない。すなわち天と人とは異なるのである。しかし人間的な生殖過程もまた造化陰陽の過程の一つにほかならぬのであるから、根本においては一気一理の現われと言わねばならぬ。すなわち天と地とは一である。国土創成の過程を人間的な生殖の姿において描いたのは、人をして疑わしめて、それによって天地人一体の理を悟らしめるがためにほかならない。かく惟足は解釈する。しかるに闇斎はかかる間接的な推理の立場を斥けて、神代巻の描写を端的に受け取る。イザナギ・イザナミの二神は、陰陽が直ちに人体となっているのであって、形なき陰陽の原理なのではない。「人事を以て造化を語る」のがこの場合の書紀の書き方である。かく闇斎は主張する。彼は人体のごとき特殊的形態に直ちに普遍的な造化を見たのである。(60)

惟足は、神代巻冒頭の渾沌を思念し、敬をもって人の根元を遡及することにより、国常立尊との天人合一の境地に至ると確信する。渾沌の一念不起に立ち帰るという惟足の純朴な姿勢は、闇斎のそれと似て非なるものである。垂加神道（闇斎）のいう天人唯一には、天と人の「直接的同一性」が認められ、神に対する絶対的信念が際立ってくる。寛文十二（一六七二）年、惟足は闇斎に神道を伝授し、垂加の霊社号を贈謚した。ただし、闇斎には禅僧として朱子学を徹底した素地があった。歴史学者の村岡典嗣（一八八四～一九四六）の『日本思想史研究』「垂加神道の根本義と本居への関係」には、「天日一体の皇祖神天照大神の子孫としての天皇に対する、絶対崇敬の信仰」を、『日本書紀』神代巻解釈によって導かれた闇斎の信念と説き、後世への影響を示す事例として、闇斎門下の玉木正英（一六七一～一七三六）の『神代巻藻塩草』の記述を、以下のように示している。

藻塩草に「近く諭さば、異国には大君の上に天帝あり。勅命の上に上天之命あり。吾国の大君は、所謂天帝也。勅命は所謂天命と心得べし。仮令へば天災ありて、大風洪水或は時疫流行して人民多く死亡に到ると雖も、一人も天を怨むる者はなく、下民罪ある故に、天此災を降せりとして、反て身を省る、是常に天帝の清明なるを仰ぎ尊む故なり。」とした天皇即天帝の信念は、彼を最もよく祖述したものなるべく、実にまた、神儒一致の最もよき例を見得る。(61)

村岡は、神儒一致に基づく垂加神道が、天皇に対する絶対崇敬の信念を深化させたという。田尻祐一郎は「村岡は、人間の是非善悪の思量や判断を越えて、絶対の存在として天皇を認め、ひたすらに天皇を崇敬するような在り方が、『混沌未分の最初』から、造化即人事、人事即造化の理法として、人間の性の中に、造化に適った本来態として刷り込まれているのだとした(62)」と、村岡の示す垂加神道観について指摘した。

村岡は、闇斎の天人唯一と惟足の天人合一との違いについて、『神道史』のなかで、以下のように述べている。

唯一は必ずしも合一ではなく、そこに垂加神道の特色が存する。先づ表面的に観察するも彼が天人唯一を説いてをる事は、惟足が天人合一を説くに比して遥かに多い。惟足抄では大体個々の場合の必要に応じて断片的に所々に説かれてゐるのに、前者は神代巻の諸段に就いて、此の理からして一貫した解釈を加えようとしてゐる傾向が見える。それのみならず、総括して神典の本義としたり神道諸伝の第一に掲げたりしてゐる。要するに惟足の場合よりも、原則として一層重要視され、実際上にも一層多く適用されてゐることが明らかである。(63)

村岡は、惟足が説く天人合一と、闇斎が説く天人唯一を別物とし、惟足が天人合一の理を神代巻の解釈に活用することよりも、闇斎が天人唯一の理を神代巻の解釈に活用することの方が遥かに詳細多数だと指摘する。村岡は、ここに闇斎が天人唯一を神典理解の本義とした理由を見出す。そして、闇斎が天人唯一を説く姿勢を、以下のように述べている。

万物出世の二神を陰陽二神といふのは、陰陽の活きに譬へたのではなく、そのまゝに陰陽であるとなすので、思ふにこは造化と人事とは単に原理として同一であるといふばかりでなく、その原理の発現として、同時に造化又人事といふ關係にありとなすものである。在来の諸家の説殊に惟足の説を手延にしてと斥けて、直にと主張したのは、かく解すべく、その唯一の意はまさしくこゝに存する。果して彼は神代紀全汎に渉つてかくの如き意味に於て、謂はゆる天人唯一を闡明しようと努めて居り、その結果として、その継承した在来の殊に惟足の諸解釈のうちに自ら創意を出した。而して又古来用ゐられた神典解釈上の諸観念（例へば未生已生の二生、造化気化身化心化の四化の如き）も往々天人唯一の説明のために応用されてゐる。[64]

村岡によれば、闇斎は天人唯一の理を説明するために、神代巻の記述を応用したのだという。闇斎は、万物出世の祖神となる伊弉諾尊《イザナギノミコト》と伊弉冊尊《イザナミノミコト》を陰陽の活動のたとえとはせず、陰陽そのものとして理解する。つまり、村岡は、闇斎が万物出世の造化と人事とを、原理の発現として、同時に存在する関係と捉えたのだという。そこに闇斎の説く唯一に対する絶対的信念が窺える。闇斎の天人唯一について、平は、「近世の神道思想」のなかで、以下のように述べている。

宋儒の哲学では、天の理と人の理とは一貫している。すなわち天人合一であり、理気は普遍的存在であるから、古今東西を貫く原理は共通している。神道は我国の神によって立てられた道であるが、神には造化心化の無形の神と気化身化の有体の神があり、天神七代は無形の神で、その第一国常立尊は天地一気の神であり、二代より六代までは五行の神である。第七代の伊弉諾・伊弉冊尊は造化と気化を兼ねた神で、天神の終り、地神の始りで、無形の方からいえば陰陽造化、有形の方からいえば男女気化の神である。前者を未生、後者を已生の諾冊二尊と称する。二尊が国土山海草木を生み、又人々を生み、神々を生むのは、気化と身化を兼ねた神であるから、何ら不思議ではない。かくて儒教では理気によって論理的に説明され、天地万物の創生が、神道では神々の作用となり、生々の作用は不断に実現されている。作られた万象、とくに人間には、創った神の霊が内在していて、両者が合一する。それが「天神唯一之道」である。(65)

ちなみに、本書では〝天人合一〟〝神人合一〟という言葉を同一に扱っている。惟足は古の渾沌を思念して、その渾沌との合一の境地に至ることを目指し、これを〝天人合一〟〝神人合一〟と呼んだ。厳密にいえば、古の渾沌は天地未剖の状態であり、国常立尊もそれ以後に化生した神である。したがって、〝天人合一〟〝神人合一〟は〝渾沌人合一〟でないと、惟足の思うところとは合致しないことになる。しかし、渾沌には万物の質料となる一気としての牙《きざし》、あるいは、一物が含まれている。つまり、古の渾沌には、天も神々も人々も牙《きざし》として含まれているため、元を遡れば同一なのである。したがって、〝天人合一〟と〝神人合一〟は同一ということになる。

ただし、〝天人合一〟と〝神人合一〟には、微妙なニュアンスの違いがある。天人合一思想は孟子や荘子の時代から語られており、儒教や道教など中国思想における一般的な言葉である。特に〝天〟という概念は中国思想にとって重要な術語であるため、惟足の思想を普遍的な天の概念に基づく儒教思想の延長線上に置く場合は〝天人合一〟といい、惟足の思想を日本の古典の特殊性に依拠する神道思想の延長線上に置く場合は〝神人合一〟という言葉を用いる方が明快だったのかも知れない。

古典伝承と形而上学的体系

垂加神道家の跡部良顕（一六五八〜一七二九）は、『垂加翁神説（巻之下）』で、垂加神道の内実を、以下のように記している。

大哉神聖之道。天人唯一、而神垂祈禱。冥加正直、大明以中、不可不敬也。夫　国常立尊者、虚而有霊、一而無体。又号天御中主尊。乗陰陽五気為妙用、日月照徹而四時行、風雨祓洗而万物成焉。天御中主尊為万物之性、而人則自惶根尊生。故為万物之長、以心之神明正直也。以祈禱祓内外清浄、則土金之徳全、而修身明五倫、祭天地・宗廟・社稷・祖考之神、治家国平天下矣。蓋神道者、雖不嘗異邦三教之一滴、於儒道則妙契。故以神道為本、以儒道為潤色。然妄習合而不可説、……(66)

以上の内容を要約すると以下のようになる。〝偉大なる神聖の道（神道）は天人唯一にして、祈禱により神々の恵を受け、正直により神々の加護を受ける。大明は中によってなされ、不敬を可としない。国常立尊は虚にして霊があり、一にして体がなく、またの名を天御中主尊《アメノミナカヌシノミコト》ともいう。天御中主尊は、陰陽五気に乗じて妙用をなす。日月は照り徹して、四時を運行し、風雨は穢れを祓い、洗い清めて万物をなす。天御中主尊は万物の性となり、人は惶根尊《カシコネノミコト》より生じる。ゆえに、人は万物の長となり、こころの神明によって正直となる。人は祈禱や祓によって内外を清浄にし、土金之徳を全うし、身を修め、五倫を明らめ、天地・宗廟・社稷・祖考之神を祭り、家国を治め、天下を平らげる。蓋し、神道は異邦三教の一滴を嘗めずと雖も、儒道と神道とは不思議な因縁がある。それゆえ、神道を本となし、儒教を潤色とする。しかし、妄りに神道と儒教を習合して説くべきではない〟と、良顕はいう。

評論家の加藤周一（一九一九〜二〇〇八）は、『日本文学史序説　下』のなかで、この『垂加翁神説』に記された山崎闇斎の説く天人唯一を、以下のように批判する。

天御中主尊が宋学の「太極」に相当し、そこから「気」の「陰陽」と共に万物を生じ、万物の「性」は、天御中主尊であって、祈禱と祓により心を清浄にすれば、その結果、「五倫」があきらかになり、「治家国」や「平天下」が成就される、というものである（『垂加翁神説』巻之下）。闇斎はそれを「天人唯一」の道と称び、儒教はたまたま神道に一致するにすぎない、と主張していた。(67)

加藤は垂加神道が天人唯一の道において、神道の伝承を顧みず、儒教の理論を収奪していく様を描き出す。ただし、加藤は山崎闇斎の天人唯一と吉川惟足の天人合一の違いを述べるに至っていない。加藤は垂加神道と朱子学の関係について、以下のように述べている。

朱子学をそのまま祖述していた闇斎は、俄かに神道へ転向して、そのいわゆる「垂加神道」を唱えた。転向の動機は、易の用語を借りて神道を理論化しようとしていた伊勢神宮の神官、度会延佳（一六一五〜一六九〇）の影響による。また神儒一致を説いた同時代の神道「イデオローグ」、吉川惟足（一六一《マ》五《マ》〜一六九四）の影響も無視できない。その転向が「俄かに」であったのは、必ずしも時間的にではなく、理論的に、朱子の形而上学的体系と日本の神話信仰との間に、内的関連がなく、一方から他方への思想的発展ではありえなかったからである。(68)

同じ神儒一致の姿勢で共通する惟足と闇斎であるが、前述の通り、闇斎の「天人唯一」と、惟足の「天人合一（神人合一）」は、似て非なる思想である。加藤は闇斎に影響を与えたという点で、惟足を神儒一致の〝神道「イデオローグ」〟と位置づけた。さらに、朱子学から神道へと転向した闇斎の背後事情をめぐって、八世紀に編纂された古典伝承と、十二世紀に確立した朱子学の「形而上学的体系」との間には、「内的関連がなく、一方から他方への思想的発展ではありえなかった」という指摘は正鵠を射ている。八世紀に編纂された『日本書紀』に漢籍の潤色が認められるとしても、その解釈において、十二世紀の朱子学（宋学）の理論をもってしては、古典解釈ではなく、惟足の新たな思想展開ということになる。伊勢神道や吉田神道において曖昧になっていた宋学の援用を、改めて再興したのが惟足であり、さらに、それを確立したのが闇斎であった。加藤の説く思弁的空論への批判は、漢籍の潤色が認められる神道古典とは何かを考える上で、惟足の姿勢にも、闇斎の姿勢にも、省察されるべき問題を孕んでいる。
儒学者の室鳩巣（一六五八〜一七三四）は、闇斎門下の遊佐木斎（一六五九〜一七三四）に宛てた書簡「遊佐次郎左衛門に答ふる第三書」（『神儒問答』）のなかで、「然るに道は天下の公にして、我が国の私する所にあらず[69]」と、述べ、以下のように神道を論難する。

一には我が神州の道と曰ひ、一には我が国の神道と曰ふ。その尊奉の意、殆んど吾が儒の上に出づ。直清竊かに惑ふ。かつそのいはゆる道なるものは、果して何の道ぞや。もしそれ聖人の道に合わせずんば、則ちこれ異端なり。吾が儒たるもの、まさに力めてその異を弁じてこれを排し、人をして他岐の惑あらしめざるべし。まさにいやしくも阿附する所ありて、以て我が国の道となすべからず。もしそれ聖人の道に合せば、則ち神道もまた儒なり。その称して道となすは、なは堯舜の道、文武の道と曰ふがごとし。吾が儒たるもの、まさに引いてこれを進め、以てこれを儒に帰して、道統一の理を明らかにすべし。まさに儒と並称して、これを左右すべからず[70]。

鳩巣（直清）の書簡によれば、〝神道家は道を我が神州の道といい、あるいは、我が国の神道という。しかし、その尊び奉る意はほとんど儒教に由来する。ゆえに、鳩巣は、神道とは何の道かと困惑する。つまり、もしも神道が聖人の道と合わなければ、神道は異端となる。よって、儒者は努めてその異端を弁難し、排除し、人を脇道に惑わせるようなことをすべきではない。ましてや、神道に媚び、神道を我が国の道とすべきではないという。もしも神道が聖人の道に合致するならば、神道は儒教となり、神道が道と称するものは堯・舜・文王・武王の道をいうようなものだ。よって、儒者はこれらを導き、進め、神道を儒教に帰一させて、道の統一の理を明らかにすべきである。したがって、神道を儒教と並び称して、同等に並列してはならない〟と、いうのである。

　これに対し、加藤は『日本文学史序説　下』のなかで、垂加神道を批判して、以下のように述べている。

> 「太極」から生じたのは、単に中国ではなく、世界の全体であり、天御中主尊から生じたのは、単に日本国であって、世界ではない。そこで朱子学の普遍的な立場から見れば、後年の室鳩巣も指摘したように、神道が聖人の道に合わなければ、異端にすぎず、聖人の道に合えば、儒の部分にすぎないということになる、「儒と並称して、これを左右すべからず」（「遊佐二郎左衛門に答ふる第三書」）。なぜならば、「道は天下の公にして、我が国の私するところにあらず、」（同上）だからである。闇斎は朱子学の体系の普遍性（「公」）から、「我が国」の神道の特殊性（「私」）に飛躍したが、あらかじめ体系そのものをその内側から批判するということはなかった。[71]

　神代巻に記された古の渾沌（混沌）を思念し、そのなかに化生した国常立尊とのつながりを現在の自己と結びつける理解も、天照大神の神勅による天皇統治の意義も、日本の古典伝承の記述を著しく逸脱した恣意的解釈とはいえない。ただし、神代巻に記された伝承は、淡路洲や大日本豊秋津洲《おほやまとよあきつしま》など国生み神話で生みなされる大八洲国《おほやしまぐに》、あるいは、葦原千五百秋之瑞穂国（豊葦原千五百秋之瑞穂国《とよあしはらのちいほあきのみずほのくに》）という特定地域としての日本を示す個別的な伝承を指す。つまり、渾沌の解釈は絶対的な世界秩序や超越的な宇宙原理、あるいは、世界に外在する絶対的超越的意識を説く類ではない。古の渾沌は現存在世界を遡求した延長線上にある。

『日本書紀』に記された渾沌には、牙《きざし》という無限の可能性が含まれている。ただし、渾沌はあくまでもやもやとくぐもった渾沌であり、所与の渾沌としてのみ語られている。それゆえ、渾沌の形而上学的存在の意味を強調し、そこに絶対的超越的な神の視点を認めてしまうと、現存在世界を二義的なものにしてしまう。そうではなく、現存在世界を諦観し、あるがままの今を謳歌することが、現在主義たる三次元世界でもある。

結果として、儒家の理論に依存した儒学的神道は、後年、古学神道家や儒家からも批判の的となる。闇斎は天と人との直接的同一性を説き、天人唯一という絶対的概念を確立する。しかし、その淵源には神道を語るにも儒学の形而上学的体系を根幹とする素地が窺える。つまり、儒学的神道思想は儒教に依拠する呪縛から脱却し得ず、古典解釈を逸脱する側面があった。惟足の天人合一においても理気説に依拠した点は同様である。

神々の化生以前の渾沌（未生の世界）には、過去も、未来も、天も、地も、神々も、人々も、万物の可能性が無数の牙《きざし》（質料）として含まれているのである。これにより、惟足は『日本書紀』冒頭の文章を読み、一念不起の渾沌を思念し、已生の現存在世界の我々が、こころによる感応を通して、未生の世界とのつながりを得て、神人合一、天人一致の境地に至り立つ当為を説いていく。前述のように、天人合一（神人合一）の先にある古の渾沌の場には、その措定の仕方を含め、新たな日本思想史、あるいは、日本宗教史をめぐる解釈の可能性が広がっている。

シュレーディンガーの梵我一致と単一の意識

物理学者のエルヴィン・シュレーディンガー（一八八七〜一九六一）は『生命とは何か　物理的にみた生細胞』のなかで、「ウパニシャド」が記述された後期ヴェーダ時代（約紀元前一〇〇〇〜紀元前五〇〇）に、「『人と天とは一致する』（アートマン＝ブラーフマン。人間の自我は普遍的な全宇宙を包括する永遠性それ自体に等しい）という認識がインドの哲学思想において、神を冒涜するものどころか森羅万象の最も深い洞察の真髄……[72]」とされていたという。

梵（ブラーフマン）と我（アートマン）は、古代インドのバラモン教からヒンドゥー教や仏教にまで広がりを見せた思想であり、一切の現象の背後にある本体を思念して得られる根本原理の梵と、意識の深淵にある個の根源とされる我とが一致する梵我一如を説いた。こうした思想において、不滅の梵と同一視された個人としての我は、死後も新たな肉体をもって生まれ変わる輪廻の根拠に連なっていく。

ただし、シュレーディンガーは「自我の意識というものは複数の形で同時に二つ以上感じられるということは決してなく、常に単数の形でのみ経験されるもの[73]」とし、「精神分裂とか二重人格というような精神病理学的な場合でも、二つの人格は交互に現れ、二つが同時に現れるということは決してないのだという。さらに、「意識は単一の存在であって、同時に二つの自我意識というものは考えられないといいう。直接の体験をしっかり固守しさえすればよい……[75]」と、いう。続けて、「ただ一つのものだけが存在し、多数あるように見えるものはこの一つのものの現す一連の異なる姿に他ならないものであり、或る幻（インド思想のマーヤー）によってつくり出されたもの……[76]」と、いう。シュレーディンガーが解釈する梵我一致や天人一致、あるいは、自我意識の単一性についての指摘は示唆に富む。だからといって、シュレーディンガーのいう天人一致と、惟足の天人合一もまた似て非なるものであり、これを同一視するとそこには齟齬をきたす。

シュレーディンガーが天人一致を語るとき、その天とは、唯一絶対の超越的なキリスト教の神である。シュレーディンガーのこころのなかでは、その偉大な神の意志と人の意識の一致（感応）が描かれているのだろう。一方、『日本書紀』に記された渾沌はあくまで渾沌であり、与件として既に存在し、所与の渾沌としてのみ語られている。それゆえ、渾沌以前に、形而上学的存在の意味を求め、そこに無限の可能性や根源性を認める余地はあっても、そこに絶対的超越的な神の意志や外在的神の視点を認めることはない。渾沌の天地未生から分化した天人合一の天にも、すべてに超越するような絶対的な創造神の意志は窺えない。したがって、そもそも自我意識の単一性を云々することもない。

ジョルダーノ・ブルーノ

イタリアの哲学者であり、カトリック（ドミニコ会）の修道士であったジョルダーノ・ブルーノ（一五四八〜一六〇〇）は、異端審問により死刑が宣告され、火刑に処された。そのブルーノの『無限、宇宙および諸世界について』に記された「一つの分割不可能な、単一的な包括者としての無限[77]」とは、何を意味しているのだろうか。分割不可能という物質の構成要素であれば、気のような存在、さらには素粒子のような極小の粒をイメージできる。ブルーノは分割不可能な粒子がときとして波動として振舞いながら、相互に関連し合い、一つの物体として宇宙に広がっていく無限の原理や法則を想定していたのだろうか、それとも、唯一絶対の包括者としての無限の神を想起していたのだろうか。ここでは未だ判然としない。

ブルーノは「神は全体が内包するものとして全的に無限であるにたいして、宇宙は全体が全体のなかに展開するものとして、（全的と呼びうるのは、部分もなく終わりもない状態なのだから）全的な無限ではない……[78]」と、いう。こうした階層的な宇宙観はマルチバース[79]のなかに無数のユニバースが含まれていて、そのユニバースの一つが我々の存在する宇宙なのだと理解することもできる。これは哲学者・心理学者のウィリアム・ジェームス（一八四二〜一九一〇）が提唱した多元的宇宙（多元宇宙論）とも通底している。ブルーノは部分もなく終わりもない全的に無限の神は宇宙から外在し、全体を内包していると考える。一方、全体が全体の中に展開する宇宙は全的に無限ではないという。たとえば、多元宇宙（多世界）を想定した場合、そのうちの一つの宇宙はその宇宙のなかだけで展開するが、唯一絶対の神は多元宇宙の包括者として、それぞれの多元宇宙を跨いで、それぞれの宇宙に外在するのだとブルーノは考える。

続いてブルーノは「一〔神〕が無限であるにたいして、他〔宇宙〕は万物のなかで全体が全体的に存在するものとして限られているものだからで、つまり全体の無限ではありながらも全的な無限であるのではないからです。全的な無限は延長的無限を拒むのです[80]」と、いう。ブルーノは全的でありうるのは、すべてに超越する唯一絶対にして無限の神のみだという。この神が一即多（他）の〝一〟であり、この一にすべての〝他〟の多元宇宙が収斂されている。こうした他の宇宙はそれぞれの宇宙のなかで完結し、それぞれの宇宙のなかでは無限といえる。ただし、一たる神の全的な世界から見れば、多くの他の世界（多元宇宙）は全的な一たる神の世界を越えて、無限に存在することはないとされている。つまり、この点で神の超越性は担保される。天使がラッパを吹いた後、最後の審判を経て、この世が終焉を迎えても、神は超然として存在しているということである。

ブルーノは「この地球に似た無数の地球から、一つの無限な地球〔宇宙〕が、ただしそれはただ一つのまとまった地球としてではなく無限にたくさんの地球の集合……[81]」と、無数の地球の同時存在を語る。ただし、無数にあるのは地球だけではなく、「この世界と同じような物体、星や地球や太陽が存在している……[82]」と、いうのである。そして、ブルーノは「最初の動力因に無限の力があるとすれば、その働きから生みだされるものは無限に大きくて無数の世界を含んだ宇宙である、……」[83]と、無限の力、つまり、超越的唯一絶対神の働きが、最初の動力因として無限無数の多世界を包含する宇宙を生みだすというのである。

神が創造する世界が無数に及ぶということは、ブルーノの宇宙観が多元世界のマルチバースであることを示している。無数の世界を生み出した最初の動力因の主体は一たる無限の神のはずである。ただし、ブルーノはマルチバース創造の主体を神とは表現せず、最初の動力因となる無限の力としている。これについて、ブルーノは、「この無限にして巨大なるものは何ら特定の形態ももたず、外物に作用する感覚も持っておらぬにもかかわらず、一つの生きもの……」[84]なのだという。その理由について、ブルーノは、「自らのうちに完全な霊魂をもち、生命ある全体を包み、その全体であるから」[85]と、いう。つまり、「世界は生命体であり、そのなかには無限の動力と無限の動的主体が、上に述べたようなありかたで、はっきりと存在している……」[86]と、いうのである。

こうした、一たる無限の神は〝一即多〟ともいえる。これについて、ブルーノは以下のように述べている。

この無限の領域に無数の霊魂が存在しているように、無数の動力が存在し、形相ないし内在的活力をなしていますが、そういうものすべてについて考えたとき、さらにそれらのすべてが依存している一つの原理が存在しています。これが、精神・霊魂・神々・神性・動力に動力を与え、質料・物体・生物より下級の自然・運動体に運動を与える、第一のもの〔根源者〕なのです。[87]

ブルーノがいう根源者なる霊性は、唯一絶対の超越神といえるのだろうか。ブルーノは人間的な意識や感情を持つ人格神として神〔根源者〕を捉える姿勢が希薄であるように思う。これはブルーノが神を不可知とし、神を擬人化して語ることを憚ったというよりも、気が交錯する渾沌の陰陽論を越えて、量子力学と親和性があるようにすら感じられる。ただし、ブルーノの信仰対象は多神教ではなく、唯一絶対の超越神である。ブルーノの言説はそのものが一即多であるというより、アプローチの姿勢に多即一との親和性があるというべきなのだろう。

ブルーノはいう。「動くもの動かすものは……、一つの受動的にして能動的なる原理に還元される……[88]」と、そして、「あたかもすべての数が一に還元されるごとくに。そこで無限の数と一とは合一……[89]」するのだともいう。つまり、「数のなか、多のなかにあるものは、無限〔数〕の動くものであり無限〔数〕の動かす者……[90]」である一方、「一のなか、唯一性のなかにあるものは、無限にして動かざる動力者であり無限にして動かざる宇宙……[91]」だからだという。そして、「この無限なる数、無限なる大いさと、かの無限なる一、無限なる単一性とは、一つの単一きわまる不可分の原理、すなわち、真実、存在のなかで、合一[92]」するのだという。

ブルーノが説いているのは多即一であることは明白だが、ブルーノがいう根源者とは無数のすべてを合一した不可分の単一原理なのか、さらに、その世界に外在する人格神としての唯一絶対の超越神を措定しているのか。そして、その神を根源者としているのか判然としない。宇宙の原理をめぐって、一神としての創造主の意志がどこにどう位置づけられているのかという前提は、カトリック修道士として、生死（刑死）に関わる重要な問題とされたのであろう。

ロジャー・ペンローズ

物理学者・数学者のロジャー・ペンローズ（一九三一〜）は、「物質的世界を支配しているかに思える数学が、単に数学そのものとしてきわめて実り豊かで強力なのはどうしてだろうか？　私は、このような関係を、深遠な神秘とみなしている」[93]と、いい、「物質的世界の振る舞いは数学に従うのである」[94]と断言する。数学至上主義を謳ったペンローズの姿勢は毅然として清々しい。数学が自然現象の法則を解く術であるならば、そうした姿勢は仏教の法概念ダルマ（秩序・法則）にも通底する。つまり、数学には自然界の諸現象の背後にあるありのままの諸法実相を探求する姿勢が窺えるのである。

さらに、ペンローズは物質と精神や意識の関係について、「物質的世界にあるすべての物が精神を持つとも、私は言っていない。むしろ私が言いたいのは、物質に基づかないような精神的対象が物質の外部に漂っているわけではない、ということである」[95]と、いい、「意識は物質から導きうる概念……」[96]と、指摘する。

注目すべきは、ペンローズが物質の外部にある精神的対象を否定する一方、意識を「大域的（グローバル）な活動[97]」と、述べたことである。ペンローズは、「私には、意識というものが何か大域的なものだと思われる。したがって意識の原因となるどんな物理過程も、本質的に大域的な性質をもっているに違いない。量子的干渉は確かにこの点で要求を満たしている[98]」と、いう。

ペンローズによれば、意識は何か大域的なものであり、意識の原因となる物理過程も大域的な性質を持つという。この大域的な意識は我々個々の意識とどうつながりを持ち得るのだろうか。量子的干渉による個々の意識のつながりは既に常態と化しているのか。ペンローズは「大規模な量子的干渉が可能であるためには高度な隔離が必要とされ、微小管の壁によって、それが実現しているのかもしれない[99]」と、いう。細胞内にある極細の管状構造である微小管の壁が量子的干渉の鍵になるとペンローズは予想する。

理学・科学哲学者の吉田伸夫（一九五六〜）は、『時間はどこから来て、なぜ流れるのか？ 最新物理学が解く時空・宇宙・意識の「謎」』のなかで、神経興奮、時間、記憶、意識、場へと話を展開させ[100]、協同現象について、「神経興奮は、物理学で『協同現象』と呼ばれるタイプの現象である。協同現象とは、部分だけを見ると機械的な動きのようでありながら、全体としては、あたかも合目的的であるかのような協調性を示す現象[101]」と、説く。そして、「大脳皮質における神経活動も、その人の誕生から死に至るまで、つながって存在する。その結果として生じる意識のうち、一度に自覚できるのは、まとまりを持つ意識の内容だけ[102]」と、いい、〝時間の流れ〟へと話を進めていく。

以上のように、吉田は「意識の時間変化とは、意識主体に提示される情報が連続的に変わる過程ではない。持続的な協同現象によって形作られたまとまりが、時間方向に連なっていること[103]」なのだという。こうして、「少しずつ異なるまとまりが、いくつかの要素を共有することでつながり、総体として、時間方向の変化がある一連の意識になる。これが、心理的な『時間の流れ』の実態ではないだろうか[104]」と、いう。

吉田は「時間の流れは、物理的に存在するのではない。心の中で流れるのである[105]」と、断じている。ここで重要なことは、「何もない空っぽな真空――いわゆる〝虚空〟――は存在せず、あらゆる場所に物理現象の担い手となる場が存在する。しかも、個々の原子が独立して動き回る原子論とは異なり、場は広範囲にわたって協調的に振動することが可能[106]」なのだという。このように、「場の量子論における共鳴パターンの簡単な例が、素粒子である。素粒子は粒子ではなく、場の振動が特定の共鳴状態となったもの[107]」と、吉田はいう。したがって、〝広範囲にわたって協調的に振動する〟場こそがペンローズのいう大域的な意識の端緒になると思われる。

数理物理学のみならず、医学や生理学など自然科学の視点や方法に依拠して、試みられた意識の解釈は、現代の哲学のなかでどのように吸収されていくのだろうか。その趨勢はとても興味深い。その興味というのは、意識と場の問題である。場の量子論における素粒子の振る舞いを、場の振動による特定の共鳴状態とするときに、その振動する場と、気（牙）が含まれた古の渾沌との親和性を認め、その渾沌を大域的な意識をつなげる場として解釈し得るのかという問題でもある。

渾沌の問題は伊勢神道以来、陰陽思想を援用し、吉田神道、吉川神道、垂加神道の思想のなかで詳細に扱われてきた。そこでは、いのちのつながりを遡及して求められる渾沌の根源性や、今を定めず時空を飛び越して前後に往来する特殊性が語られる一方、渾沌や神々や自然に対する絶対的超越的な視点を欠いている。〝古〟と〝未〟を語り、〝今〟を特定しない『日本書紀』冒頭の「渾沌」に対して、異なった道筋を歩んだのが『続日本紀』宣命の「中今」という言葉である。この中今は「今」を強調する「今！」から、徐々に意味を付与されながら膨らみ続け、国体論を支える言葉へと成長していく。

註

（1）黒板勝美編輯『新訂増補　国史大系　日本書紀　後編』吉川弘文館、一九五二年、一一九頁。
（2）史籍集覧研究会編『続史籍集覧　第二冊』すみや書房、一九七〇年、一七頁。
（3）“La mathématique est l'art de donner la méme nom à des choses differentes”の“l'art”は〝技術〟あるいは〝技芸〟と訳されることが多い。ここでは“l'art”は〝芸術〟として、数学者の美意識に寄せた。
（4）佐伯有義校訂『吉川神道』大日本文庫刊行会、一九三九年、三二頁。
（5）徳橋達典『吉川神道思想の研究──吉川惟足の神代巻解釈をめぐって』ぺりかん社、二〇一三年、一一一～一三七頁。
（6）阿部吉雄・山本敏夫・市川安司・遠藤哲夫著『新釈漢文大系　第七巻　老子・荘子（上）』明治書院、一九六六年、一七一頁。
（7）前掲の『吉川神道』四九一～四九二頁。
（8）黒板勝美編輯『新訂増補　国史大系　日本書紀　前篇』吉川弘文館、一九六六年、一頁。
（9）平重道校注『神道大系　論説篇十　吉川神道』・神道大系編纂会、一九八三年、一三一頁。
（10）同右、『神道大系　論説篇十　吉川神道』一三五頁。

(11) 島田虔次『朱子学と陽明学』岩波書店、一九六七年、九三頁。
(12) 薗田稔『神道』弘文堂、一九八八年、四七頁。
(13) 前掲の『新訂増補　国史大系　日本書紀　前篇』、一頁。
(14) 前掲の『神道大系　論説篇十　吉川神道』一一一頁。
(15) 前掲の『吉川神道』五三頁。
(16) 同右、『吉川神道』二八七〜二八八頁。
(17) 同右、『吉川神道』二八八頁。
(18) 前掲の『神道大系　論説篇十　吉川神道』一一一頁。
(19) 同右、『神道大系　論説篇十　吉川神道』一一三頁。
(20) 同右、『神道大系　論説篇十　吉川神道』六頁。
(21) 前掲の『新訂増補　国史大系　日本書紀　前篇』一頁。
(22) 前掲の『神道大系　論説篇十　吉川神道』一一五頁。
(23) 同右、『神道大系　論説篇十　吉川神道』八頁。
(24) 上田賢治『神道神学――組織神学への序章――』大明堂、一九八六年、一五五頁。
(25) 前掲の『吉川神道』二九二〜二九三頁。
(26) 安蘇谷正彦『神道の生死観　神道思想と「死」の問題』ぺりかん社、一九八九年、二五頁。
(27) 同右、『神道の生死観　神道思想と「死」の問題』四〇頁。
(28) 佐藤仁著『中国の人と思想　第八巻　朱子』集英社、一九八五年、一九三〜一九五頁。
(29) 同右、『中国の人と思想　第八巻　朱子』一九三〜一九五頁。
(30) 同右、『中国の人と思想　第八巻　朱子』一九三〜一九五頁。
(31) 同右、『中国の人と思想　第八巻　朱子』一九三〜一九五頁。
(32) 同右、『中国の人と思想　第八巻　朱子』一九三〜一九五頁。

(33) 同右、『中国の人と思想　第八巻　朱子』一九三〜一九五頁。
(34) 同右、『中国の人と思想　第八巻　朱子』一九三〜一九五頁。
(35) 同右、『中国の人と思想　第八巻　朱子』一九三〜一九五頁。
(36) 同右、『中国の人と思想　第八巻　朱子』一九三〜一九五頁。
(37) 高田真治、後藤基巳訳『易経　下』岩波文庫、一九六九年、二四一頁。
(38) 前掲の『吉川神道』二三頁。
(39) 同右、『吉川神道』一八〜一九頁。
(40) 西田長男校注『神道大系　論説篇八　卜部神道（上）』神道大系編纂会、一九八五年、一二九頁。
(41) 前掲の『吉川神道』二三頁。
(42) 同右、『吉川神道』一九〜二〇頁。
(43) 諸橋轍次『大漢和辞典　巻三』大修館書店、一九五六年、大部・一畫・太の五二五頁。
(44) 千葉栄『吉川神道の研究』至文堂、一九三九年、一二三頁。
(45) 『神代巻伝書』（写本五冊　東北大学狩野文庫蔵）、五冊目の奥書に、「嘉永五壬子年九月六日」との記述がある。これが講談の時期か筆記の時期かについては不明。内容は、吉川神道の神代巻講義を筆記したもので、天神七代までの記述があり、天孫降臨以後の地神五代の記述はない。
(46) 前掲の『吉川神道』三〇七頁。
(47) 前掲の『神道大系　論説篇十　吉川神道』一四頁。
(48) 同右、『神道大系　論説篇十　吉川神道』一三七頁。
(49) 大隈和雄校注『日本思想大系19中世神道論』岩波書店、一九七七年、二九三頁。
(50) 同右、『日本思想大系19中世神道論』二九三頁。
(51) 小笠原春夫「機前と機後」『神道宗教　16号』神道宗教学会、一九五八年、一二頁。
(52) 同右、「機前と機後」『神道宗教　16号』一二〜一三頁。

(53) 前掲の『吉川神道』三〇七頁。
(54) 平重道『吉川神道の基礎的研究』吉川弘文館、一九六六年、八一頁。
(55) 同右、『吉川神道の基礎的研究』八九頁。
(56) 同右、『吉川神道の基礎的研究』一一七頁。
(57) 同右、『吉川神道の基礎的研究』一一七頁。
(58) 平重道・阿部秋生校注『日本思想大系39近世神道論・前期国学』岩波書店、一九七二年、所収の平重道著「近世の神道思想」五二五頁。
(59) 安倍能成・天野貞祐・谷川徹三・金子武蔵・古川哲史・中村元編集『和辻哲郎全集　第十四巻』「尊皇思想とその伝統（第六章　江戸時代前期の儒学者における尊皇思想）」岩波書店、一九六二年、一七六頁。
(60) 同右、『和辻哲郎全集　第十四巻』「尊皇思想とその伝統（第六章　江戸時代前期の儒学者における尊皇思想）」一七六頁。
(61) 村岡典嗣著「垂加神道の根本義と本居への関係」『増訂　日本思想史研究』岩波書店、一九四〇年、二五〇頁。
(62) 田尻祐一郎著「村岡典嗣と平泉澄――垂加神道の理解をめぐって――」『東海大学紀要　第七四輯』東海大学文学部、二〇〇二年、九五頁。
(63) 村岡典嗣『神道史　日本思想史研究Ⅰ』創文社、一九五六年、九〇頁。
(64) 同右、『神道史　日本思想史研究Ⅰ』九一頁。
(65) 前掲の『日本思想大系39近世神道論・前期国学』所収の平重道著「近世の神道思想」五四五頁。
(66) 近藤啓吾校注『神道大系論説編十二　垂加神道（上）』神道大系編纂会、一九八四年、四二一頁。
(67) 加藤周一『日本文学史序説　下』筑摩書房、一九八〇年、五二頁。
(68) 同右、『日本文学史序説　下』五二頁。
(69) 荒木見悟・井上忠校注『日本思想大系34貝原益軒　室鳩巣』岩波書店、一九七〇年、二四五頁。
(70) 同右、『日本思想大系34貝原益軒　室鳩巣』二四五頁、二四六頁。

(71) 前掲の『日本文学史序説　下』筑摩書房、一九八〇年、五二頁、五三頁。
(72) エルヴィン・シュレーディンガー著、岡小天・鎮目恭夫訳『生命とは何か　物理的にみた生細胞』岩波文庫、二〇〇八年、一七四頁。
(73) 同右、『生命とは何か　物理的にみた生細胞』一七六頁。
(74) 同右、『生命とは何か　物理的にみた生細胞』一七六頁。
(75) 同右、『生命とは何か　物理的にみた生細胞』一七八頁。
(76) 同右、『生命とは何か　物理的にみた生細胞』一七八頁。
(77) ジョルダーノ・ブルーノ著、清水純一訳『無限、宇宙および諸世界について』岩波文庫、一九八二年、一六頁。
(78) 同右、『無限、宇宙および諸世界について』六三頁。
(79) 須藤靖『不自然な宇宙　宇宙はひとつだけなのか？』講談社、二〇一九年、参照。
(80) 前掲の『無限、宇宙および諸世界について』六三頁。
(81) 同右、『無限、宇宙および諸世界について』九九頁。
(82) 同右、『無限、宇宙および諸世界について』一一九頁。
(83) 同右、『無限、宇宙および諸世界について』六九頁。
(84) 同右、『無限、宇宙および諸世界について』一二二頁。
(85) 同右、『無限、宇宙および諸世界について』一二二頁。
(86) 同右、『無限、宇宙および諸世界について』一二二頁。
(87) 同右、『無限、宇宙および諸世界について』一三〇頁。
(88) 同右、『無限、宇宙および諸世界について』一三一頁。
(89) 同右、『無限、宇宙および諸世界について』一三一頁。
(90) 同右、『無限、宇宙および諸世界について』一三一頁。
(91) 同右、『無限、宇宙および諸世界について』一三一頁。

(92)　同右、『無限、宇宙および諸世界について』二三一頁。
(93)　ロジャー・ペンローズ著、中村和幸訳『心は量子で語れるか――21世紀物理の進むべき道をさぐる――』講談社、一九九九年、一五四頁。
(94)　同右、『心は量子で語れるか――21世紀物理の進むべき道をさぐる――』講談社、一九九九年、一五六頁。
(95)　同右、『心は量子で語れるか――21世紀物理の進むべき道をさぐる――』一五六頁。
(96)　同右、『心は量子で語れるか――21世紀物理の進むべき道をさぐる――』一五九頁。
(97)　同右、『心は量子で語れるか――21世紀物理の進むべき道をさぐる――』二〇六頁。
(98)　同右、『心は量子で語れるか――21世紀物理の進むべき道をさぐる――』二〇六頁。
(99)　同右、『心は量子で語れるか――21世紀物理の進むべき道をさぐる――』二〇六頁。
(100)　吉田伸夫『時間はどこから来て、なぜ流れるのか？　最新物理学が解く時空・宇宙・意識の「謎」』講談社、二〇二〇年、二〇八〜二一二頁。なお、神経興奮と記憶と時間について、吉田は「神経興奮とは、ニューロンと呼ばれる細長い神経細胞において、細胞膜を挟んだ電位差の変動が、軸索を伝わること」（二〇八、二〇九頁）であり、「この電位差を生じさせるのは、荷電粒子であるイオン（主に、ナトリウムまたはカリウムの原子から電子が失われた陽イオン）の移動」（二〇九頁）と、いう。そして、「神経興奮が生じていないとき、イオンは、細胞膜上にあるイオンポンプによって能動的に移送される。その結果、膜の内外でイオンに濃度差が生じ、静止電位と呼ばれる電位差が作り出される」（二〇九頁）と、吉田はいう。
　一方、「神経が興奮する際には、細胞膜のイオンチャンネルが開き、静止電位に引っ張られてイオンが受動的に移動する。この電荷の流れが、大きく変動する活動電位を作り出す」（二〇九頁）。このとき、細長い神経細胞である「ニューロンは、シナプスを介して相互に接続したネットワークを形成している。あるニューロンが興奮すると、接続している別のニューロンに対して、興奮性あるいは抑制性の作用を及ぼす」（二〇九、二一〇頁）と、吉田はいう。

　シナプスとは、神経情報の出入力の各側に発達した情報伝達のための接触構造であり、その構造はシナプス前細胞の軸索末端がシナプス後細胞の樹状突起に接触している。つまり、軸索とは、細胞体からの信号を他のニューロンに伝えるための、ニューロンの出力用繊維である。樹状突起とは、他のニューロンからの信号を受け取る器官であり、他のニューロンの軸索末端と結合する。この結合部分がシナプスである。吉田は「シナプスは、胎児期から新生児期にかけていったん過剰に形成されて後、〝刈り込み〟によって必要なものが残されるほか、成長した後でも、形成と消滅を繰り返す」(二一〇頁)と、いう。さらに、吉田は「個々のシナプスによる伝達効率(接続したニューロンに対して興奮／抑制作用を及ぼす効率)は、神経興奮の頻度などで変化する。シナプスの個数や効率の変化が、記憶の形成を可能にする」(二一〇頁)と、いうのである。

吉田はいう。「記憶は、時間軸において、高分子化合物が次々と合成される側、すなわち、ビッグバンに近い側で形成される。ビッグバンから遠ざかるにつれて、シナプスが消滅したりニューロンが傷ついたりして、記憶が失われていく」(二一二頁)と。そして、「人間が過去の記憶しか持たず、未来についての情報がほとんど得られないのは、時間が過去から未来へと流れるからではない。宇宙全体のエントロピーが、ビッグバンから遠ざかる側に向かって急激に増大することの結果」(二一二頁)と、している。宇宙はビッグバンから遠ざかるにつれ温度は低下していく。これもまた、熱力学における不可逆性を数値化したエントロピーと時間の関係である。

(101) 同右、『時間はどこから来て、なぜ流れるのか? 最新物理学が解く時空・宇宙・意識の「謎」』二一七頁。
(102) 同右、『時間はどこから来て、なぜ流れるのか? 最新物理学が解く時空・宇宙・意識の「謎」』二二〇頁。
(103) 同右、『時間はどこから来て、なぜ流れるのか? 最新物理学が解く時空・宇宙・意識の「謎」』二二〇頁。
(104) 同右、『時間はどこから来て、なぜ流れるのか? 最新物理学が解く時空・宇宙・意識の「謎」』二二〇頁。
(105) 同右、『時間はどこから来て、なぜ流れるのか? 最新物理学が解く時空・宇宙・意識の「謎」』二二一頁。
(106) 同右、『時間はどこから来て、なぜ流れるのか? 最新物理学が解く時空・宇宙・意識の「謎」』二二二頁。
(107) 同右、『時間はどこから来て、なぜ流れるのか? 最新物理学が解く時空・宇宙・意識の「謎」』二二二頁。

第四章　中今

『日本書紀』に記された「今」

『日本書紀』冒頭部には、「古（過去）」や「未（未来）」という記述があっても、「今（現在）」という記述がない。しかし、『日本書紀』全体を通して見ると、「今」という言葉は数多く記されている。そこでは、「今」をどのように表現していたのだろうか。『日本書紀』第一巻と第二巻の神代巻に記された「今」には、おおむね三つの特色がある。その第一点は今現在という一瞬の今を強調する表現である。第二点は今より後、今以後など、今のなかに未来への流れを含む表現である。第三は今に至るまで、今以前など、今のなかに過去からの流れを含む表現である。

数多のなかから、数例を挙げてみると。まず、今現在という一瞬の今を強調しているのは、第九段本文に記された「吾亦当避。如吾防禦者、国内諸神必当同禦。今我奉避。誰復敢有不順者(1)」である。これは国の平安を願う大己貴神《オホナムチノカミ》の言葉である。大己貴神は御子神の事代主神《コトシロヌシノカミ》(2)と同様に出雲と大和（高天原）との戦を回避する旨を示す。これは、もしも、大己貴神が出雲の防御を固め、大和との攻防戦に至れば、出雲国内の諸神たちは、必ず大己貴神に従い、大和との戦に至る。これを慮った大己貴神は〝今、私が戦を回避すれば、出雲の国の神々はあえて私の意に恭順せぬ者はないだろう〟と、出雲の国譲りを決意する。ここに示される「今」は、自己犠牲を厭わず、戦乱を回避し、出雲の平安を護持した大己貴神の決断の瞬間である。いうまでもなく、これは、自らのいのちを賭して、その命運を決した一瞬の今に他ならない。この一瞬の今の決断を境界として、その今以後の未来の出雲は、荒涼とした戦乱の跡地ではなく、神々の幸《さきわ》う信仰の地として今に至っている。こうした出雲の繁栄も日本の安寧も大己貴神が決断した一瞬の今に帰結するのである。

　同じく第九段本文によれば、その後、大己貴神は大和側に平矛を授けて、「天孫若用此矛治国者。必当平安。今我当於百不足之八十隈将隠去矣」(3)と、語っている。大己貴神は、自らの出雲統治に功をなしてきた平矛を天孫瓊瓊杵尊《ニニギノミコト》に授け、平安な国家統治を託し、（今をもって）自らは百不足《ももたらず》八十隈《やそくまで》に隠去するというのである。

　〝隠れる〟とは〝お隠れになる〟〝神隠れ〟など貴人の死を意味する言葉でもある。したがって、〝隠去〟とは、大己貴神が遠い場所に隠れ去った（隠居した）のではなく、大己貴神の死を暗示している。ここに記された「今」とは戦闘終結を象徴する首長の死の瞬間であり、同時に、平和に対する大己貴神の自己犠牲の瞬間ということになる。こうした大国主神《オホクニヌシノカミ》（大己貴神）の伝承は出雲との統合の象徴として、大和が編纂した『日本書紀』本文においても、尊重されて語り継がれている。第二の一書によれば、その御霊《みたま》は、大和勢力によって天日隅宮に祀られる。つまり、大国主神は出雲大社の御祭神として今に至るまで多くの人々の深い信頼を集めている。以上が、現在の今という瞬間を強調した表現の一例である。

次に、今のなかに未来への流れを含む表現は、第七段第三の一書に記された素戔嗚尊《スサノヲノミコト》の言葉「我今当永去。……」[4]〝我（素戔嗚尊）は今より後、未来永劫、高天原を去る〟という意である。素戔嗚尊は天照大神が治める天上の高天原で暴挙に及び、高天原を放逐される。この暴挙とは共同体の維持存続に関わる農耕や祭祀の妨害行為であり、こうした行為は天津罪として諸神たちから断罪された。素戔嗚尊は高天原から未来永劫に亘る退去を命ぜられ、根国底国《ねのくにそこのくに》へと赴くことになる。このように、今のなかには未来への流れを含む今という表現もある。

次に、今のなかに過去からの流れを含む表現は、第九段第六の一書に記された高皇産霊尊《タカミムスビノミコト》の言葉「昔遣天稚彦於葦原中国。至今所以久不来者。蓋是国神有強禦之者」[5]である。高皇産霊尊は天稚彦《アメワカヒコ》の葦原中国派遣に際して、特別に天鹿児弓《あめのかごゆみ》と天羽羽矢《あめのはばや》を下賜するが、天稚彦は高皇産霊尊に忠誠を示さず、葦原中国に留まり、顕国玉《ウツシクニタマ》の子の下照姫《シタテルヒメ》と結婚し、自らが葦原中国統治の野望を持つに至る。高皇産霊尊は、葦原中国派遣から今に至るまで、久しく復命しない天稚彦を怪しみ、無名雉《ななしきぎし》を遣わす。しかし、天稚彦は高皇産霊尊から賜った弓矢で、この雉を射殺してしまう。放った矢は雉の胸を突き抜け、天上の高皇産霊尊のところまで飛んでいく。天稚彦を信頼する高皇産霊尊は、強固に服従を禦（拒）む国津神々を相手に孤軍奮闘する天稚彦の身を案じ、矢を取って投げ下ろすと、その矢は落下して、新嘗の行事の後、仰臥していた天稚彦の胸を射る。これにより、天稚彦は死に至る。こうした顚末は天津神々を謀った天稚彦に下らせた天罰ということになるのだろうか。天鹿児弓と天羽羽矢の伝承は、その今（『日本書紀』編纂時）に帰結し、世の人々がいう所謂「反矢可畏」[6]〝反矢《かえしや》畏《い》むべし（畏《おそ》るべし）〟の由縁とされている。

高皇産霊尊の言葉に示された〝昔〟も〝今〟も神々の時間であるため、その間隔は劫簸から刹那に至るまで、人知をもって計り知ることはできない。この昔は古といいかえることもできるが、この昔から今に至る時間的間隔は天地開闢の古から今現在に至るというダイナミックなものではなく、高皇産霊尊が天稚彦を葦原中国に派遣してから、音信不通になるまでの数年間というイメージなのだろう。

以上のように、今現在という一瞬の今。未来への流れを含む今。過去からの流れを含む今を意識して、『日本書紀』に記された「今」という記述の一部を眺めてきた。そこには、今という瞬間の強調もあるが、その今のどれもが、今以上でも今以下でもない今という今を示している。ただし、不連続が連続する一瞬の今という言葉には、過去から未来に至る連続性という幅のあることを留意すべきである。特に、今のなかに過去からの流れを含む表現が際立っているのは、「至今」〝今に至るまで〟という今に帰結する言葉である。この「至今」は「中今」という言葉に触れるに当って、踏まえておくべき術語といえる。

詔勅《しょうちょく》と宣命《せんみょう》（崇神天皇の詔）

『日本書紀』に記された高皇産霊尊《タカミムスビノミコト》の言葉「至今」〝今に至るまで〟には、古からの流れを今に帰結させ、今現在を改めて強調する妙がある。『続日本紀』宣命にも、この「至今」に類似する記述がある。それは〝至〟と〝今〟に〝中〟を加えた「中今至麻弖尓」〝中今に至るまでに〟（漢文では「至中今」）である。この『続日本紀』宣命に記された四点の「中今至麻弖（尓）」が、いわゆる〝中今〟の出典とされている。

宣命とは、勅命《みことのり》を宣り聞かせる天皇の命令文であり、国文体の宣命書きで表記されている。宣命書きとは、「諸聞食止宣」〝諸々聞し食せと宣る〟など、仮名ではなく、漢字を用いながら、その体言や用言の語幹を大書し、送り仮名となる用言の語尾や助詞、助動詞を小書する表記法であり、現代の祝詞《のりと》でも用いられている。さらに、天皇、つまり、君主から臣下に向けられるものを宣命といい、その逆に、臣下から君主へ向けられたものを奏上という。これらが広義の宣命を意味するのであれば、狭義の宣命もある。

狭義の意味としては、特に『続日本紀』に所収された六十二編の宣命を限定して「宣命」と呼ぶことがある。『続日本紀』とは、菅野真道らが延暦十六（七九七）年に完成させた官撰国史であり、『日本書紀』に続く〝六国史〟の一つとされている。『続日本紀』に所収された六十二編とは、文武天皇元（六九七）年から、桓武天皇の延暦八（七八九）年までに記載された即位、改元、立后、立太子、反乱、譲位など国家的大事件に際して発せられた宣命をいう。即位とは天皇がその位に即《つ》くこと。改元とは元号を改めること。立后とは公式に皇后を立てること。立太子とは公式に皇太子を立てること。反乱とは体制に反して乱を起こすこと。譲位とは天皇がその位を譲ることである。

こうした宣命の記述はおおむね八世紀（奈良時代）の朝廷をめぐる政治的主張や儀礼、そして、祭祀など宗教的価値基準を窺わせる。さらに、宣命は言語としての日本語の変遷や読誦する言葉の響き、加えて、荘厳な形容表現など文学的価値も認められる。

『続日本紀』成立を遡ること七十七年、養老四（七二〇）年に成立したのが『日本書紀』である。この『日本書紀』『続日本紀』両書ともに漢文表記が基本となっている。これら両書は『古事記』とは違い、官撰国史として、外国（当時の周辺諸国）にも通用する漢文表記に統一されていた。ただし、そこには、注視すべき例外がある。『続日本紀』の宣命や、『日本書紀』の歌謡や神々の名前は漢字表記であるとはいえ、漢字を仮名として借用した万葉仮名で表記されている。つまり、『日本書紀』『続日本紀』には、万葉仮名により、言葉も発音も語順も当時の和語が残され、今に至るまで、和語の発音に則って表現され、誦読され継がれている。

国文の宣命書きで表記された天皇の命令文（勅命）を宣命というのに対し、一般公示される天皇の意思を表示した漢文表記の公文書を詔勅という。主に『古事記』では〝詔《みことのり》〟、『日本書紀』では〝勅《みことのり》〟の字が用いられている。大宝令（養老令）によれば、臨時の大事を〝詔〟、尋常の小事を〝勅〟とする。

ただし、記紀の時代では、未だ〝みことのり（詔・勅）〟の文字の区別も、宣命の表記法も厳格に規定されておらず、天皇の詔・勅は大和言葉の宣命ではなく、必然的に漢文で記録された詔・勅ということになる。

『日本書紀』の崇神天皇四年冬十月記事には、崇神天皇の即位（登極）をめぐる詔勅が、「惟我皇祖。諸天皇等。光臨宸極者。豈為一身乎。蓋所以司牧人神経綸天下。故能世闡玄功。時流至徳。今朕奉承大運。愛育黎元。何当聿遵皇祖之跡。永保無窮之祚。其群卿百僚。竭爾忠貞。共安天下。不亦可乎」(7)と、記されている。

この詔勅の書き下し文を以下に示す。

惟れ我が皇祖。諸天皇等。宸極《あまつひつぎ》を光臨《しらししこと》は、豈一身の為ならむや。蓋《けだ》し人と神とを司牧《ととの》へて、天下を経綸《おさ》めたまふ所以なり。故れ能く世に玄功《はるかなるいさをし》を闡《ひら》き、時に至れる徳《うつくしび》を流《し》きたまひき。今、朕、大運《あまつひつぎ》承け奉りて、黎元《おおみたから》を愛み育《やしな》ふ。何当《いかにして》か、聿《ここ》に皇祖之跡に遵ひて、永に窮り無き祚《あまつひつぎ》を保たむ。其れ群卿百僚《まへつぎみたちもものつかさ》、爾《いましたち》の忠貞を竭《つく》して、共に天下を安《やすらか》にせむこと、亦可《よ》からずや

この詔勅の概要は〝思うに、我が皇祖、諸天皇等が皇位を継承し、天皇として君臨してきたことは、ただ一身のためではない。まさしく人と神との関係を整えて、天下を治めるためである。故に（歴代

天皇は）世によい政治を広め、徳を布《し》かれたのである。今、私は皇位を継承し、（天皇として）国民を、慈しみ養うことになった。どのようにして、ここに皇祖の跡に遵って、永に無窮の皇統を保とう。さあ群卿《まへつぎみたち》百僚《もものつかさ》よ、あなたたちの忠貞を尽くして、共に天下を安らかにすることは、またよいことではないか〟と、いう内容である。

また、崇神天皇十二年春三月の記事にも、崇神天皇の詔勅「朕初承天位。獲保宗廟。明有所蔽。徳不能綏。是以陰陽謬錯。寒暑失序。疫病多起。百姓蒙災。然今解罪改過。敦礼神祇。亦垂教而綏荒俗。挙兵以討不服。是以官無廃事。下無逸民。教化流行、衆庶楽業。異俗重訳来。海外既帰化。宜当此時。更校人民。令知長幼之次第。及課役之先後焉(8)」が記されている。

この詔勅の書き下し文を以下に示す。

朕、初めて天位を承けて、宗廟《くにいえ》を保つことを獲たれども、明《ひかり》も蔽《さわ》る所あり。徳《いきおい》を綏《やすん》ずること能《あた》はず。是を以て、陰陽《ふゆなつ》は謬《あやま》り錯《たが》ひ、寒さ暑さ序《ついで》を失へり。疫病多く起りて、百姓《おほみたから》災を蒙る。然るに今、罪を解《はら》へ、過《とが》を改めて、敦《あつ》く神祇を礼《いやま》ふ。亦、教を垂れて、荒ぶる俗を綏《やすく》し、兵を挙げて以て服《まつろ》はぬを討つ。是を以て、官に廃れたること無く、下に逸民《かくれたるたみ》無し。教化は流《し》き行はれて、衆庶《おほみたから》は業を楽しむ。異俗《あだしくにのひとども》訳《をさ》を重さねて来《まい》き。海外《わたのほか》既に帰化《まひきおもむ》きぬ。宜しく此の時に当りて、更に人民《おほみたから》を校《かんが》へて、長幼の次第、及び課役の先後を知らしむべし。

この詔勅の概要は〝私は、初めて皇位を継承し、天皇として宗廟（国家）を保持することができた。けれども、国には、まだ光も届かぬところがあり、徳を綏《た》れることもできないでいる。このため、陰陽は謬り違い、寒さ暑さは序を失い。疫病が多く起こり、百姓は災を蒙った。然るに今、罪を祓い、過ちを改めて、敦く神祇を敬う。また、教を垂れて、荒ぶる人々を綏じ、兵を挙げて服従しないものを討ち取った。これにより、朝廷は退廃することなく、下々の民に隠遁者もいない。教化は広く行き渡り、庶民は日々の生活を楽しんだ。異俗の人々も（遠い国から）訳を重さねて来日した。海外の周辺諸国の人々も既に帰化することもあった。よろしくこの時に当り、さらに戸口調査を行い、長幼の次第、及び課役の先後を知らしめるべきである〟と、いう内容である。

天皇即位をめぐる崇神天皇四年と十二年の詔勅は、古から今に至る宝祚（皇統）の継続を祝福し感謝の意を示している。このような宝祚の流れが古から今に至り、今に帰結するという現実を自認してこそ、天皇としての今後の抱負と所信の表明も可能になる。この点においては『続日本紀』文武天皇元（六九七）年の即位をめぐる宣命とも趣旨が共通している。

『続日本紀』宣命の中今とは

中今とは古からの流れが一瞬の今に帰結するという今の強調であり、ただの今、真っ只中の今を意味する。つまり、古から今に至る現実を直視し、未来に思いを寄せることでもある。ある種、極端に今を強調した稽古照今といえるのかも知れない。いうまでもなく、中今の今とは、古と未、あるいは、過去と未来の境界にある一瞬をいう。一方、中今の中とは、今を強調する修飾語である。したがって、現在進行中の一瞬の不連続が永遠に連続する今を、ただひたすらに強調したのが中今である。この中今という言葉は『続日本紀』に記された四つの宣命を拠《よりどころ》としている。第一番目となる中今初出の出典は『続日本紀』冒頭に記されている。本書ではこの中今の解釈を中心に考察を進めていきたい。

文武天皇元（六九七）年の即位の宣命には、「高天原尓事始而遠　天皇祖御世御世中今至麻弖尓。天皇御子之阿礼坐牟弥継継尓大八島国将知次止。天都神乃御子随母、天坐神之依之奉之随。聞看来此天津日嗣高御座之業止。……」[9]と、記されている。これは〝高天原に事始めて、遠天皇祖の御世御世、中今に至るまでに、天皇が御子のあれ坐さむ弥継継に、大八島国知らさむ次《つぎて》と、天つ神の御子随《なが》らも、天に坐す神の依し奉りし随、聞看来る此の天津日嗣高御座の業と、……〟と読む。この宣命は〝高天原でことがはじまって（から）遠く、祖先の天皇の世々（を経て）、真っ只中の今に至るまでに、天皇の御子がお生まれになり、継承を重ねて、大八島国をお治めになる順序として、天津神の御子のまま、天においでになる神がなさるままに、なしてこられたこの天津日嗣高御座の業として、……〟という意味である。

この宣命から窺える時間構造は、今という一時点の前後を境にして、「今以前」となる古の過去と、「今以後」である未来を含めた「今」との二項区分と考えられる。つまり、古から今に至るまでを語るこの宣命において、「今以後」となる未来は明示されず、未来もまた今に収斂されているのである。

これに派生して、事象の始源となる一時点を「始」とし、「始」の前後を境にする「始以前」↓「始以後から今以前の間」↓「今（今以後も含む）」という三項区分も考えられる。あえていうならば、「始」↓「遠」↓「今」という文字を拠とした三項区分である。これは無限に広がる古の過去、あるいは、より遠い過去から、より近い過去を経て、今に至るという時間の流れを表している。

ここで確認すべきことは、過去・現在・未来、または、先・後（前後関係）、あるいは、永遠の今などの時間構造の概念は、先史↓古代↓中世↓近世↓近代↓現代、または、原始共産制↓奴隷制↓封建制↓資本主義↓社会主義といった時代区分の概念とはまったく異質の時間区分ということである。したがって、中今の「中」は「中世」などという時代区分ではなく、過去からの流れが今に帰結することを強調した〝真っ只中〟や〝真っ最中〟の「中」であり、「今」という名詞を強調する修飾語の「中」だということがわかる。つまり、中は今という体言を修飾する連体修飾語であり、この連体修飾語の「中」が「今」という時間構造の一部を強調しているだけである。ここで、今と比較される対象は今以前の古の過去ということになる。こうした古の過去から遠く長い時間を経て、皇統は現実として今に帰結している。まさに古から真っ只中の今に至るまで、皇統が存続したという祝福や称賛や感謝の感慨がこの宣命のなかに表現されているのである。

高天原の始めと、世々皇統を継承してきた遠祖の時代は、ともに古の過去である。始は始源や始終の始であり、出発点としての一時点を示す。始と今の間にある時間が遠であり、遠も古の過去である。もしも、出発点となる始という一点を想定しなければ、今以前の遠も無限の過去として古に広がっていく。仮に、遠という古の過去を〝遠・中・近〟などと、いくつかに分割したところで、遠は今に至る以前の過去であることに違いはない。この宣命で謳われているのは皇統を重ねてきた過去の歴代天皇に対する祝福や称賛や感謝であり、そして、それが今に至るという今の自覚である。

あえていうならば、中今を記した宣命は天皇即位をめぐる宣命であるため、この宣命で強調される今のなかには、今以後の未来についても、窮まりない皇統の継承に向けられた決意が含まれている。古と今、あるいは、過去と現在との対比は『古事記』序文に記された「稽古照今」も同様である。この「稽古照今」の「今」には、現在に加え、今以後という未来が含意されている。これについては『論語』に記された「温故知新」も、古から学び今以後に活かしていくという点で「稽古照今」と通底している。これにより、この宣命の時間構造は古と今、あるいは、過去と現在の対比に過ぎない。つまり、ここに記された時間は「今以前」と「今（今以後も含む）」という前後関係の二項構造が基本となっている。さらに、「今以前（過去）」と「今以後（未来）」との境界にある一瞬の「今（現在）」を別枠として強調するならば、「今以前（過去）」「一瞬の今（現在）」「今以後（未来）」の三項構造になる。ちなみに、この区分は今とその前後を境界とした三項区分であり、前述の始以前と始以後から今以前、そして、今以後を三つに分割した三項区分とは異なる分類である。

今を強調する中という修飾語が意味する幅も、その捉え方において膨らみ続ける。文武天皇の宣命に記された「中今」とは、今を殊更に強調した〝今〟を意味する。その〝今〟は「今」を修飾する「中」の解釈において、〝ただの今〟という表現から〝真っ只中の今〟や〝真っ最中の今〟あるいは

〝中心の今〟や〝最高の今〟という表現のように意図する幅がある。ただし、今を強調する表現の幅がいくら広くても、今が今という意味の枠を超えることではない。

国学者の本居宣長（一七三〇～一八〇一）は十八世紀（江戸時代後期）に宣命の代表的注釈書「続紀歴朝詔詞解（歴朝詔詞解）」を著している。そのなかで宣長は「中今とは、今をいふ也、後世の言には、当時のことを、降れる世後の世などいふは、よろしくもあらぬいひざまなるを、中といへるは、当時を盛りなる真中の世と、ほめたる心ばへ有て、おもしろき詞也[10]」と、記している。

宣長は宣命に残された文献の記述を重視するため、宣命に記された「中今」の意味が〝今〟であるという理解を尊重し、中今が今であることを明示する。そのうえで、後世の言説には、当時（今）のことを〝降れる世〟とか〝後の世〟などという言葉遣いを避け、それを中（中今）と表現し、〝盛りなる真中の世〟と称える心延《こころば》えを、とても趣深いと評する。宣長のいう心延えとは、中今について、古の過去から続く皇統の流れを一瞬の今に帰結させ、それが今に至る現実を尊重する言葉と理解する風情や才気である。

国文学者・民俗学者・歌人の折口信夫（一八八七～一九五三）は「神道に現れた民族論理」のなかで、まず「又、続紀を見ると、『すめらが御代々々中今』という風な発想語が見えてゐる。此は、今が一番中心の時だと云ふ意味である。即、今のこの時間が、一番のほんとうの時間だ、と思ってゐるのである[11]」と、いい。続いて「一方では『皇が御代々々』といふ長い時間を考へながら、しかも呪詞の力で、其長い時間の中でも、今が最もほんとうの時間になる、と信じたのである[12]」と、記している。

折口も中今が今であること、今の強調であることを明記している。「今が一番中心の時」「今のこの時間が、一番のほんとうの時間」というのも、時間のなかで存在するのが、一瞬にして移りゆく今現在のみだからである。いうまでもなく、現在は既に存在しない過去と、未だ存在しない未来との中間（中心）にある。つまり、折口のいう〝中心〟もまた今の強調なのだといえる。したがって、中今が今であるという意味の幅のなかに収まっている限り、過去と未来の境界にある今に注目し、時間として唯一存在する一瞬の今を、中心の時として伝えた宣命の〝思〟にも、折口の解釈にも、取り立てて論難するほどの違和感はない。

その是非に及ばず、「一方……」以降の中今解釈には、折口の推論が加えられている。折口は〝呪詞の力〟によって特化された中今が、古から連綿と続く過去のいかなる時間よりも、最もほんとうの時間になると信じられていたというのである。つまり、古から続く皇統の流れが、中今に至り〝最もほんとうの時間になる〟という解釈は、宣命が持つ〝呪詞の力〟に対する〝信〟に基づくということになる。このように、皇統の永続を言祝ぐ天皇即位の宣命で謳われる中今は、その宣命が持つ〝呪詞の力〟や〝信〟という宗教的な言霊の力をともなって、中今の意味を膨らませていく。

ちなみに、「中今」を『広辞苑（第四版）』で引いてみると〝過去と未来との真ん中の今。遠い無限の過去から遠い未来に至る間としての現在。現在を賛美していう語。続日本紀一「中今に至るまで」〟と記されているので、宣長の見解や感想が今に生きているのだろうと思われる。

天之御中主神《アメノミナカヌシノカミ》・天御中主尊《アメノミナカヌシノミコト》

今には中という意味もある。特に過去・現在・未来という時間構造においては、一瞬の今が過去と未来の境界に挟まれた中間にあるため、中と今は親和性が高い。こうして、宣命の中今は今の枠を超えて、本来の中が持っている中心という意味合いを付加されて膨らんでいく。

天之御中主神《アメノミナカヌシノカミ》とは、天の中心に坐す主神であり、『古事記』で最初に生成する神である。この神は抽象的な存在として、後の伝承にまったく関与せず、その事跡が詳しく語られることもない。さらに、この神を祭神として信仰する古社が極端に少ないため、この神を漢籍の天の思想に影響を受けた観念神と見る向きもある。ちなみに、『日本書紀』本文で最初に化生する神は国常立尊である。したがって、その本文に天之御中主神の記述はない。ただし、この神は『日本書紀』第一段第四の一書に天御中主尊《アメノミナカヌシノミコト》として記され、『古事記』の内容と類似する展開を見せている。

『古事記』では、天之御中主神に続き、高御産巣日神《タカミムスビノカミ》と神産巣日神《カミムスビノカミ》が化生する。これら三柱の神々は〝造化三神〟として尊重されている。ただし、この造化三神は「並独神成坐而隠身也」(13)〝みな独り神となりまして、身を隠したまいき〟と記され、化生して間もなく、身を隠してしまう。特に、天之御中主神は、以後、神話に一切登場することはない。

心理学者の河合隼雄（一九二八〜二〇〇七）は天之御中主神を「無為」(14)の神とした。それぞれ三神の一角をなす神々のうちの一神である〝アメノミナカヌシ〟〝ツクヨミ〟〝ホノスセリ〟を各々無為の神と呼んだ。こうした天之御中主神など無為の神々をめぐって、河合は「中空均衡構造」を説いていく。中空均衡構造とは唯一絶対の超越神を頂くキリスト教のような「中心統合構造」ではなく、中心にほとんど触れられることのない無為の神がいて、その均衡が保たれる構造をいう。河合は『中空構造日本の深層』のなかで、「中空の空性がエネルギーの充満したものとして存在する、いわば無であって有である状態にあるときは、それは有効であるが、中空が文字どおりの無となるときは、その全体のシステムは極めて弱いものとなってしまう[15]」と、日本の中空均衡構造が孕む弱点を指摘する。その一方で、「日本の中空均衡型モデルでは、相対立するものや矛盾するものを敢えて排除せず、共存しうる可能性をもつのである[16]」と、いう。河合は他との関係における相対性を重視し、他を排除することのない包括的姿勢に鑑み、多様な価値共存の可能性を有する中空均衡構造を評価した。

天之御中主神は天上の星の運行の中心で不動に輝く北極星（北辰）を崇めた妙見（菩薩）信仰と結びつく。一方、『古事記』が見直された江戸後期以降、『古事記』の始源神天之御中主神は、国学者平田篤胤（一七七六〜一八四三）により、北極星とともに北斗七星の神として尊ばれた。これにより、明治時代以降、天之御中主神は天照大神とともに大教宣布のために設置された大教院の祭神にもなった。

中という言葉には〝まんなか〟〝まっただなか〟〝うちがわ〟〝あいだ〟〝なかほど〟〝なかごろ〟〝優劣の定まらないこと〟〝是非の二項対立に陥らないこと〟〝あたること〟〝内側〟〝ある範囲の全体〟など数多の意味を持つ。『古事記』『日本書紀』『古語拾遺』によれば、葦原中国とは天上の高天原と地下の黄泉、あるいは、海の彼方の根の国・根の堅州国・常世との中間にある現世の世界とされる。ここで確認すべきは、葦原中国が天上、地上、地下、あるいは、海という上下に位置する垂直の世界観の中間に位置する地上だということではなく、葦原中国こそ、人々が生を謳歌すべき今現在の現世だということである。中あるいは中今という言葉には、今を礼賛する現世中心主義を予感させる情趣がある。

現世の葦原中国と死者の黄泉の国との境界を泉津平坂《よもつひらさか》という。この泉津平坂も地理的な場所ではなく時間を表現する言葉といえる。『日本書紀』第五段第六の一書には、「或所謂泉津平坂者。不復別有処所。但臨死気絶之際是之謂歟[17]」〝或いはいふ、泉津平坂といふは、復別に処所あらじ、ただ死《しぬ》るに臨みて気絶ゆる際、是を謂ふか〟と、記されている。これによると、泉津平坂は具体的な場所を指すのではなく、生死の時間的境界、あるいは、死の瞬間を地名にたとえた言葉と推論される。また、泉津平坂は、生きていく伊奘諾尊が、生と死という世界を違えてしまった（死んでしまった）妻の伊奘冉尊へのさまざまな想いを断ち切った瞬間でもある。神話（神道）にとっては生きている今（現存在）が時空の中心なのである。

今を礼讃する『万葉集』の詠歌

『万葉集』のなかで、今を礼讃し、現世肯定の精神を漲らせているのは、大伴旅人《おおとものたびと》（六六五〜七三一）

の詠歌「今の世にし　楽しくあらば　来む世には　虫にも鳥にも　われはなりなむ」（巻三・三四八）であろう。旅人は〝今、生きているこの世さえ楽しく過ごせるならば、来世には、虫にだって鳥にだってなってもかまわない〟と、生きている今の充実を詠む。極端にいえば、今を楽しく生きられるならそれでよく、転生する先にある来世など、意に介さないというのである。旅人は仏教の輪廻転生にも、そこからの解脱にも、極楽浄土に来迎されることをも待望しない。旅人の没後二十一年目の天平勝宝四（七五二）年、奈良の東大寺では大仏開眼供養が国家的事業として行われている。

この他、旅人の現世主義の詠歌「生ける者　遂にも死ぬる　ものにあれば　この世にある間は　楽しくをあらな」（巻三・三五〇）は〝生きている者は、いずれ死にゆくものなので、今、この世に生きている間は楽しくありたいものだ〟という歌である。この詠歌も、今を楽しく生きる旅人の大らかな賦性が踊っている。実はこれらの詠歌の題意は「酒を讃《ほ》める歌」とされている。酒飲みの歌だからといって、これらの歌を暢気な酔っ払いの戯言などと努々《ゆめゆめ》思うべきではない。

神亀五（七二八）年、旅人は太宰帥（長官）として大宰府に赴任する。これが左遷であれ、昇進であれ、還暦を過ぎての遠方勤務は、決して楽なものではなかったはずである。旅人は赴任早々の大宰府で、妻の大伴郎女《おおとものいらつめ》を亡くしている。旅人のこころのなかには喪失感や悲嘆のみに止まることのない様々な想いが去来したことだろう。酒量も増えたに違いない。人が生きていくには楽しいことばかりではなく、むしろ辛いと思えることで溢れている。そんな時、現状を嘆くばかりでは何も変わらない。たとえ、何かをやり遂げられず、気鬱に苛まれても、生きている間は、己が立つ今現在をあるがままに受け止め、そのなかに楽しみを見つけて、前を向いたのが旅人である。楽しい辛いはこころの持ち様で変えられる。今を生きる旅人の詠歌には、今と向き合い、今を愛おしむ現世肯定の精神で溢れている。旅人は天平二（七三〇）年、大納言に昇進し帰京、その翌年に没している。六十七歳であった。

旅人が太宰帥であったとき、太宰少弐として仕えたのが小野老《おののおゆ》（？～七三七）である。老の詠んだ歌が「青丹よし　奈良（寧楽）の都（京師）は　咲く花の　薫ふがごとく　今盛りなり」（巻三三二八）である。これは〝奈良の都はまるで咲く花が香るように、今、真っ盛りである〟と、今この時の都に漂う華やぎや、今現在の鮮やかな都の美と繁栄を五感で切り取った率直な詠歌である。

神亀六（七二九）年、老は行政報告のため、朝集使として、平城京に長期出張中であった。このとき、老は長屋王の変に遭遇している。長屋王は天武天皇の孫（父は高市皇子）であり、皇親勢力の中心にあった。これにより、長屋王は、当時絶大な権力を握りつつあった藤原氏と対立し、その権力闘争の果てに、讒言《ざんげん》によって自死へと追い込まれてしまう。この政変に際して、老がどのような立場に置かれていたのかは不明である。いずれにせよ、人の世の栄枯盛衰、なかんずく、その儚さに触れた老が大宰府に帰任した後に詠んだのが、今を盛りとする今の礼讃の歌である。ちなみに〝青丹よし〟は奈良の枕詞で、特別に意味はない。青丹は岩緑青の古名であり、決して鮮やかではなく、くすんだ緑色の染料である。その産地が奈良であった。

因幡守の大伴家持《おおとものやかもち》（七一八～七八五）は旅人の子である。『万葉集』の取りを飾り、同時に、家持自身の最後の詠となる歌が、「新しき　年の初めの　初春の　今日降る雪の　いや重け吉事」（巻二十四五一六）である。これは〝新しい年の初めの初春の、今、降っている雪が、次々と重なっていくように、吉事が重なることを願う〟という歌意である。これは素晴らしい今の重層を祈る歌であり、目出度い今が重なっていく未来を予祝する詠歌である。また、『万葉集』の終わりが、年始や初春や瑞兆の重なる歌だということは、『万葉集』のこころが終わりなき世の永続であることを想起させる。

明治六（一八七三）年以降、暦は太陰暦から太陽暦に変更され、それ以前は月の満ち欠けを基準とする太陰暦を使用していた。月が太陽と同じ方向になり、太陽光を反射できず、地球から月の姿が見えなくなる状態を新月という。この新月を朔《さく》ともいい、これを新たにはじまる一日《ついたち》とした。したがって、満月になるのが一日と翌月一日の中間の十五日（十五夜）となる。二十四節気の一つである立春は、旧正月に最も近い新月の日をいう。実は、この歌が詠まれた天平宝字三（七五九）年正月一日は〝歳日立春《さいたんりつしゅん》〟といい、元日と立春が重なる珍しい〝今日〟であり、さらに、豊年の瑞兆となる雪が降っていた。つまり、この日は特別の〝今〟が幾重にも重なった慶祝の一日だった。このめでたい情景が『万葉集』の最後を飾る一首となったのである。

これ以後、歌を残さなかった家持は因幡守を終え、中務省の信部大輔に任ぜられ、都に帰るも、天平宝字八年、藤原仲麻呂と対立し薩摩守へ、同年の藤原仲麻呂の乱を経て、神護景雲元（七六七）年、太宰少弐となり、さらに紆余曲折の後、最終的には延暦二（七八三）年、中納言に昇進。延暦三年には持節征東将軍（征夷大将軍）に任じられ、蝦夷征討に奔走するなど、大変慌しく人生を送り、延暦四年に没している。しかし、没後においても、その数奇な流れは止まらなかった。家持は藤原種継暗殺事件の首謀者として、埋葬の不許可、官位剥奪などの追罰を受けたのである（延暦二十五年赦免）。

苦境の中にあっても、今を意識して、今を謳歌し、今を礼讃するのが『万葉集』。その立つところは、今という日常の現世（現存在）であり、その現生に生きることを放棄しない姿勢を多とした。例え、やんごとなき理由で生を放棄せざるを得ない状況に追いやられても、来世に救いを求めることは稀であった。

加藤周一は「権力争いは、当然多くの犠牲者を生んだ。天智天皇は孝徳天皇の皇子有間皇子を殺し（六五八）、天武帝の后鸕野皇女（後の持統天皇）は大津皇子（天武天皇の皇子）を除した（六八六）[18]」と、いう。

有間皇子（六四〇〜六五八）は、父の孝徳天皇崩御の後、斉明天皇四（六五八）年、謀反の嫌疑により、中大兄皇子（後の天智天皇）によって捕えられる。ことの発覚は皇子に挙兵を促した蘇我赤兄（六二三〜?）の密告だったという向きもある。このとき詠んだ皇子の歌が『万葉集』に収録されている。「磐代の　浜松が枝を　引き結び　真幸くあらば　また還り見む」（巻二、一四一）。これは〝磐代の浜にある松の枝を結んでおいたので、幸運であれば、また帰りに見てみよう〟という意味である。

歌人の斎藤茂吉（一八八二〜一九五三）はこの歌を〝哀切〟として、「こういう万一の場合にのぞんでも、ただの主観の語を吐出すというようなことをせず、御自分をその儘素直にいいあらわされて、そして結語に、『またかへり見む』という感慨の語を据えてある[19]」という。さらに、斎藤は、「ただ有りの儘[20]」を写生した皇子の姿勢を「抒情詩としての短歌の態度はこれ以外には無いといっていいほどである[21]」と評している。この詠歌に触れると、二十歳にも満たない有間皇子が未来の希望を捨てず、幸運を祈りながら松の枝を結ぶ健気な姿が思い浮かぶ。この後、皇子は処刑され、この歌が辞世となった。

天武天皇の皇子である大津皇子（六六三〜六八六）は、異母兄の草壁皇子とともに有力な皇位継承の候補者であった。天武天皇崩御後の朱鳥元（六八六）年、大津皇子は自害する。草壁皇子の母である持統天皇から謀反の嫌疑を掛けられてのことである。『万葉集』は、この大津皇子の辞世も収録している。それは、死の直前、大津皇子が伊勢の神宮の斎宮であった姉の大来皇女（大伯皇女）を訪ねた帰路（諸説あり）に詠んだ歌「ももづたふ　磐余の池に　鳴く鴨を　今日のみ見てや　雲隠りなむ」（巻三、四一六）とされている。

この歌は〝磐余の池で鳴く鴨を見るのも今日を限り、私は雲の彼方に消え去るのだろう〟と、いう意である。ちなみに〝ももづたふ〟は〝磐余〟に掛かる枕詞であり、それ自体に意味はない。この歌はただただ日常の今を想い、池で鳴く鴨を見おさめとする。皇子はその何気ない日々の音や風景を、日々に移ろう今を、名残惜しんでいる。斎藤はこの歌について、「臨終にして、鴨のことをいい、それに向かって『今日のみ見てや』と歎息しているのであるが、歎く池の鴨のことを具体的に云ったために却って結句の『雲隠りなむ』が利いて来て、『今日のみ見てや』の主観句に無限の悲響が籠ったのである[22]」と、いう。

五世紀から八世紀中葉の歌を集録した『万葉集』が、日本語の最大最古の抒情詩集であるならば、

『懐風藻』は日本最古の漢詩集である。この『懐風藻』にも大津皇子の辞世が残されている。それは「金烏臨西舎　鼓声催短命　泉路無賓客　此夕離家向」(23)〝金烏西舎に臨み（臨らい）、鼓声短命を催《うなが》す、泉路賓主無し、此夕家を離《さかり》て向ふ〟である。〝太陽が西に傾き、西側の家を照らし、時を告げる太鼓の音が残り少ない私の命を催促しているようだ。黄泉にむかう死出の旅路に立つ者に、客や主人など見送ってくれる人は誰もいない。今夕、私は家を離れてどこへ向かうのだろう〟。と、いう意味である。

斎藤は二人の皇子について、「死に臨んでそれに全性命を託された御語気は、後代の驚嘆せねばならぬところである。有馬皇子は、『ま幸くあらば』といい、大津皇子は、『今日のみ見てや』といった」(24)と、いう。一方、加藤は有間皇子の絞首が法隆寺建立（六〇七）の半世紀後であったこと、大津皇子の死が薬師寺建立（六八四）の直後であった事実を踏まえ、「死に臨んだ二人の皇子は、神仏を考えなかったらしい。……仏教はまだ大衆の中に浸透していなかったばかりではなく、貴族支配層の『挽歌』にも浸透していなかったようである」(25)と、推論し、二人の皇子について、「彼らの『泉路』には仏が待っていなかった。ただ生きのびることを願い（『また還り見む』）、現世のすべてを惜しみ（『今日のみ見てや』）、「短命」をあきらめるほかはなかった」(26)と、指摘する。

加藤は『万葉集』という抒情詩の中心が恋の歌であることを指摘しつつ、『万葉集』以前から息づく伝統として、「そこにあらわれた世界観が徹底して此岸的であり、当人の今・此処における感情の動きに従い、どういう種類の超越的な原理や価値をも介入させようとしていないという点では七世紀およびそれ以前からの伝統の枠のなかにとどまる」[27]と、いう。ここで強調されるのが、〝今ここで動く感情〟に従う〝徹底した此岸的世界観〟と〝超越的原理の不在〟である。これら二つの特色は神道神学者上田賢治（一九二七〜二〇〇三）が『神道神学』で挙げた神道の存在論的思惟〝現存在の容認〟〝絶対観の不在〟[28]と通底する。

ただし、極楽浄土などの異界を不可知とする此岸的視点はまだしも、七世紀、八世紀から時を経て、十二世紀の平安末期、絶望に瀕した人々の阿弥陀如来に向けられた絶対帰依は、法然（一一三三〜一二一二）が信じた念仏〝南無阿弥陀仏〟に乗って、人々の救いとなり、鎌倉仏教の時代を迎えていった。さりとて、同時代の鎌倉幕府は、その『御成敗式目（貞永式目）』第一条に「神者依人之敬増威、人者依神之徳添運」[29]〝神は人の敬によりて威を増し、人は神の徳によりて運を添ふ〟と、示し、神々は人々の祈りによって力を増し、人々は神々の加護によって平安を得ると、神々に対する祈りに主眼を据えながら、此岸的現存在世界における神々と人々との双務的一面を窺わせている。

万葉歌の詠まれた古代日本は、華やかな東大寺の大仏開眼供養など、国家仏教へと向かう時世にありながら、そこには〝徹底した此岸的世界観〟と〝超越的原理の不在〟あるいは、〝現存在の容認〟〝絶対観の不在〟という思惟的特徴を窺うことができる。武士の台頭する中世日本においても、阿弥陀如来に対する絶対帰依を示した念仏を唱えながら、幕府法令の第一条に神々への畏敬や祈りが奨励されている。日本における神仏関係とは、糾える縄のように時々によって深く浅く習合しているようでありながら、それぞれ個々を残して共生している。いずれにせよ、中今の出典となる『続日本紀』

宣命は、『万葉集』とほぼ同じ、あるいは、少し後の時代を記録した史書である。

時の流れを感傷する『古今和歌集』の詠歌

『古今和歌集』は延喜五（九〇五）年（延喜十三年説あり）に上奏された最初の勅撰和歌集である。加藤周一は時間の概念における『万葉集』と『古今集』との違いについて、「『万葉集』は想出をうたわず、現在の感情をうたう。過去と現在を重ね、昨日を透して今日を見る屈折した心理の表現は、……『古今集』にあらわれたものである」[30]と、指摘する。

在原業平（八二五～八八〇）の詠歌「月やあらぬ　春や昔の　春ならぬ　我が身ひとつは　もとの身にして」（巻十五―七四七）は〝月は以前の月とちがうのか。春は過ぎた年の春ではないのか。私だけが昔のままであって、私以外のものはすっかり変わってしまったのだろうか〟という意である。これについて加藤は「ここでは環境の変化と我身の同定（持続）とが対照され、……、一首の志は時の経過そのものを主題とするかの如くである」[31]と、いう。時の経過は焦燥感をもって詠まれることもあれば、切迫感をもって詠まれることもある。

さらに、業平の詠歌一首、「つひにゆく　道とはかねて　きゝしかど　昨日今日とは　思はざりしを」（巻十六―八六一）は〝終には逝く（死ぬ）道（道理）だとはかねてから聞いていたけれど、昨日今日のことになるとは思わなかった〟という意である。加藤は「もちろんこれは仏教と関係がない。仏教が国教であったときに、そして仏教美術が頂点に達し、仏教哲学が高度の思弁的洗練に至ったとき、日本語の抒情詩集が徹底して世俗的であったという点では、『万葉集』と『古今集』の間に大きな違いはなかった[32]」と、いう。

小野小町（八二五？〜九〇〇？頃、詳細不明）の詠歌「花の色は　うつりにけりな　いたずらに　我が身世にふる　ながめせしまに」（巻二―一一三）は〝いつの間にか、花の色もすっかり色あせてしまった。降る長雨をぼんやりと眺めているうちに、わたしの美しさも、その花の色のように、こんなにも褪せてしまった〟という意である。ちなみに〝ふる〟は世（時）が〝経る〟と長雨が〝降る〟、〝ながめ〟は〝眺め〟と〝長雨〟それぞれ二重の意味がある。加藤は「ここでは長雨降る間に花の色のあせた時の経過と、みずから世に経るのを眺めて移りきた年月とが、巧妙な修辞によって重ねあわせられている。このような時間の経過に対する極度に鋭敏な感覚は、おそらく奈良時代には到底想像もできないものであった[33]」と、指摘する。

さらに、小町の詠歌一首、「今はとて　わが身時雨に　ふりぬれば　言の葉さへに　移ろひにけり」（巻十五―七八二）は〝今はもう時雨が降り、わが身もときを経て古びてしまったので、木の葉が萎れていくように、言の葉も移ろいでいったのだな〟という意である。ここでも、わが身が〝経る（古）〟と時雨が〝降る〟が掛けてある。また、〝時雨〟は涙の縁語であること、さらに、葉が〝移ろい〟萎れることと、言の葉が〝移ろい〟変わっていくなど、それぞれ二重の意味を持つ。これらはいずれも、時の流れを詠む古今和歌集の秀歌とされている。これらの詠歌には古から帰結した今を直視する姿勢が窺える一方、そこに楽しみや安らぎを示唆する姿勢は希薄であり、今以後の流れの先にある未来は、老いさらばえた我が身の憂いとなる。

紀貫之（八七二〜九四五）の詠歌「桜花　とくちりぬとも　おもほえず　人の心ぞ　風もふきあへぬ」（巻二―八三）は〝桜の花がすぐに散ってしまうとは思えない。人の心根など風が吹き抜ける間もないほどすぐに変わってしまう〟という意である。この歌は桜の花の儚さよりも移ろい易い人の恋心の一瞬の今を諷している。

さらに、貫之の詠歌一首、「あす知らぬ　我が身と思へど　暮れぬまの　けふは人こそ　かなしかりけれ」（巻十六―八三八）は〝明日の我が身がどうなっているかなど分からないけれど、まだ生きている今は、その人の死が悲しくてたまらない〟という意である。これはともに『古今和歌集』編纂に携わってきた従兄弟の紀友則の死に際して詠んだ歌である。貫之は、死によって、すべてが過去の記憶となってしまった友則と、現世に存在している今現在の自分とを対置して、より一層、喪失感に苛まれている。

一瞬一瞬の時の移ろいに弄ばれながら、やがて、仄かにくすんでいた老いや死の輪郭は日に日に鮮明になる。子どもの成長ならいざ知らず、時の移ろいには、老いや死の影がつきまとう。こうした不安は、時を止めることができない三次元世界の我々にとって、避けることのできない普遍的無常の感傷なのである。しかし、仏教の浸透によって、〝諸行無常〟という言葉を介し、普遍的な〝無常感〟は〝無常観〟となる。これにより、あるがままを受け止め、世の中や人のいのちの無常を諦観する術を提示されるように変わっていった。

こうした無常観は日本文化の特色の一つとして、数多の文学に反映されるようになる。平安末期から鎌倉時代に亘る戦乱を、琵琶法師によって語り継いだ『平家物語』の冒頭〝祇園精舎の鐘の声、諸行無常の響きあり。沙羅双樹の花の色、盛者必衰の理をあらはす。奢れる人も久しからず、ただ春の夜の夢のごとし。猛き者もついには滅びぬ、偏に風の前の塵に同じ〟は、あまりに有名な一節である。また、神職（後に出家）、随筆家として知られる鴨長明（一一五五〜一二一六）が記した『方丈記』の冒頭「ゆく河の流れは絶えずして、しかももとの水にあらず。よどみに浮ぶうたかたは、かつ消えかつ結びて、久しくとゞまりたるためしなし」[34]も、『枕草子』『徒然草』とともに〝日本三大随筆〟の一つに数えられ、未だに人々によって口ずさまれる一節になっている。

長明と同様、神職の家筋とされる卜部（吉田）兼好（一二八三〜一三五二?詳細不明）の『徒然草』一五五段には、「必ず果たし遂げんと思はん事は、機嫌を言ふべからず。とかくのもよひなく、足を踏み止むまじきなり」[35]と、記されている。兼好は〝必ず成し遂げたいことがあるのなら、時機を計らず、あれこれ準備せず、順序に拘らず、二の足を踏んでないで、今やってしまえ〟と、発破をかけてくる。これに続いて、兼好は、諸行無常や生老病死という四苦に対する提言を、以下のように述べている。

春暮れて後、夏になり、夏果てて、秋の来るにはあらず。春はやがて夏の気を催し、夏より既に秋は通ひ、秋は即ち寒くなり、十月は小春の天気、草も青くなり、梅も蕾みぬ。木の葉の落つるも、先づ落ちて芽ぐむにはあらず、下より萌しつはるに堪へずして落つるなり。迎ふる気、下に設けたる故に、待ちとる序甚だ速し。生・老・病・死の移り来る事、また、これに過ぎたり。四季は、なほ、定まれる序あり。死期は序を待たず。死は、前よりしも来らず、かねて後に迫れり。人皆死ある事を知りて、待つことしかも急ならざるに、覚えずして来る。沖の干潟遥かなれども、磯より潮の満つるが如し。(36)

兼好は〝春が暮れて後、夏になり、夏が終わって、秋が来るのではない。春は直ぐに夏の気配を催し、夏には既に秋の気配が通い、秋はそのまま寒くなり、冬の十月には小春日和、草も青くなり、梅も蕾を膨らませる。木の葉が落ちるのも、まず落ちて芽吹くのではない。内側から芽吹く力に耐えきれず、葉を落とすのである。新たなる気は古い葉の下に既に蓄えられているので、移ろいを待つ順序はとても速い。生・老・病・死の移ろいは、また、四季の移ろいよりも速い。四季は、それでも、定まった順序があるが、死期は順序を待ってくれない。死は前からばかり来るのではない。気づく以前から後ろに迫っている。人は皆死ぬことを知っていて、死を待って（覚悟して）いても、死は急を要しないときに、思いがけずにやって来る。沖の干潟は遥か遠くにあるけれど、足元の磯からヒタヒタと潮が満ちてくるのと同じである〟。と、いう。このように、兼好の時代になると古来の無常〝感〟は諸行無常という無常〝観〟として、諦観に基づき哲学的に、今という時の生き方を問いかけてくる。

この世の人間は生・老・病・死に多少抗うことができても、そこから逃れることはできない。我々の寿命には限りがある。そして、その終焉はいつどのように迎えるのか分からない。遠くにあると思っていた死は、前から徐々に近づくのではなく、既に真後に迫っているかも知れない。前掲の『古今和歌集』でいうならば、業平の詠歌「つひにゆく　道とはかねて　きゝしかど　昨日今日とは　思はざりしを」（巻十六―八六一）でもある。

だからこそ、〝やりたいことがあるならば、あれやこれやと理由をつけずに、今すぐにやってしまえ〟と、兼好はいう。〝このプロジェクトが軌道に乗ったら〟〝定年を迎えたら〟〝景気が回復したら〟〝新型コロナ感染拡大が終息したら〟など、人は諸々の理由をつけて夢を後回しにする。しかし、いくら夢を語っても、そうこうしているうちに、死んでしまうかも知れないのだ。死んでしまえば、やりたかった夢は適わない。

ただし、長寿が担保されていようと、それが幸せとも限らない。人の寿命が儚いかどうか、幸せかどうかは、その人、当人が感じ、当人が決めることである。そして、それは当人の思いによって変えることができる。自身がそう思えるためにも、また、現生に残していく親しい人々に、そう思ってもらうためにも、一瞬の今を大切に、今を楽しく過ごすのが肝要である。

無窮と永遠

天壌《てんじょう》無窮《むきゅう》の神勅は『日本書紀』第九段第一の一書に「葦原千五百秋之瑞穂国。是吾子孫可王之地也。宜爾皇孫就而治焉。行矣。宝祚之隆、当与天壌無窮者矣(37)」と、記されており、〝葦原千五百秋之《あしはらのちいほあきの》瑞穂国《みずほのくに》は、これ、吾が子孫《うみのこ》の王《きみ》たるべき地《くに》なり。爾皇孫《いましすめみま》、就《い》でまして治《しら》せ。行矣《さきくませ》。宝祚《あまつひつぎ》の隆《さか》へまさむこと、天壌《あめつち》と窮《きわま》り無かるべし〟と読む。天照大神は天孫降臨に際して、〝葦原千五百秋之瑞穂国（日本）は、私の子孫が王（天皇）として君臨すべき国である。瓊瓊杵尊《ニニギノミコト》よ、降臨して皇位に就き国を統治しなさい。さあ、お行きなさい。皇統の隆盛は天地とともに無窮である〟と、瓊瓊杵尊に言寄《ことよ》さしている。天壌無窮《てんじょうむきゅう》の神勅とは、安寧な皇位継承に基づく、皇胤による無窮の葦原中国（日本）統治を言寄さす予祝の言葉であり、これが日本における天皇統治の正統性を示す拠となっている。

『神皇正統記』は南朝の公卿北畠親房（一二九三〜一三五四）によって著された歴史書である。その冒頭は、「大日本者神国也。天祖はじめて基をひらき、日神ながく統を伝給ふ。我国のみ此事あり。異朝には其たぐひなし。此故に神国といふなり(38)」と、起筆される。

これについて、倫理学者の佐藤正英は、「日本における歴史観の一特質『正統』をめぐって」のなかで、「日本が他の国と異なるゆえん、つまり日本が日本であることのゆえんを、『神皇正統記』は、皇統の血統的な純一がたもたれていることに見出している(39)」と、いう。さらに、「天皇は、ここでは、まず個々の天皇として存在するのではなく、なによりも血統的純一をたもち伝える存在であり、血統的純一性の表現として存在するのである(40)」と、いう。皇統とは単に即位する個々の天皇の連続としてではなく、血統的純一性によるつながりである。このように、血統の純一性による皇統の正統性は、明治二十二（一八八九）年に公布された「大日本帝国憲法」の第一条「大日本帝国ハ万世一系ノ天皇之ヲ統治ス」に〝万世一系〟という言葉をもって引き継がれている。

ただし、正統というのは単に皇統の血統的な純一によってのみ担保されるのではない。佐藤正英は「『正統』である天皇とは、その天皇の直系男子の子孫が皇位を継いでいる天皇、つまり後代の天皇への持続をもっている天皇をいう。一方、『正統』でない天皇、つまり系譜のなかで傍系に位置する天皇は、その直系男子の子孫が皇位を継ぎえなかった天皇、つまり後代の天皇への持続をもちえなかった天皇である」(41)と、いう。佐藤正英は皇位の継承が男系であるということに加えて、その子孫が皇位を継いだか否かによって、天皇が正統であるか否かが決まるのだという。『日本書紀』によれば、子孫の有無が天皇周辺において憂慮されたことは事実である。ただし、応神天皇まで五世遡る傍系であった継体天皇は、正統な天皇として即位し、連綿と永続する皇統をつないでいる。

かつて傍系であった皇胤が皇位につき、皇統の流れが傍系に移行すれば、その傍系の流れが正統な直系に改まる。継体天皇のように世代を遡って皇位継承がなされると、応神天皇から継体天皇に至る間で、正統な天皇として即位していた仁徳天皇以下四代の天皇（仁徳天皇、履中天皇、仁賢天皇、武烈天皇）は、その瞬間に直系から傍系に移行してしまう。なお、仁賢天皇皇女である手白香皇女が継体天皇の皇后となり、欽明天皇の母となっているため、たとえ傍系となっても、手白香皇女による男系女子の系譜に基づき、仁徳天皇以下三代の天皇の血筋は今につながっている。このように、正統か否かは、その時々に即位されている天皇の男系男子の系譜において定まるというのである。つまり、皇位の継承において、傍系を正統と認めないということに意味はなく、重視されるのは、皇統における正統性が血統の純一性にあること、子孫を残すということに特化されるであろう。したがって、「『正統』においては、父祖とのつながりよりも、子孫へのつながりが第一義的な重きをもっているのである。……後代へ、後代へときわまりなく、天地の続くかぎり、『無窮』に持続していくことが、『正統』なのである」[42]と、佐藤正英はいう。正統とは、天壌無窮のごとき皇統の持続であり、過去の父祖よりも、後代へとつながる未来の子孫との関係を重視する。ここで重要になるのが「無窮」と「永遠」の違いである。

佐藤正英は「無窮とは、きわまりないことである。しかし無窮とはやはり時間の流れそのものであって、時間の流れを超越したところになりたつ永遠という観念とは質的に異なっている」[43]と、いう。無窮は時間の流れそのものである。これに対し、永遠は時間の流れを超越したところにあるという。さらに、「永遠を基軸とする歴史観においては、時間は永遠を宿す程度によってその意味がはかられるのに対し、『正統』を基軸とする歴史観においては、時間がそれ自体において持続する、その程度によって意味がはかられるのであり、時間を超越することは認められないのである」[44]と、いう。つまり、永遠は時間の流れを超越しているので、時間は〝永遠を宿す程度〟に意味をなす。これに対し、無窮は正統が持続する時間に意味をなすので、正統が時間を超越することがない。したがって、時間の流れを超越するような永遠に正統性はないことになる。

過去現在未来が同時に存在し、今が時間を超越して永遠に展開する四次元主義においては、今に至るという今が不確定になる。したがって、時間の流れのなかで持続する時間を無窮として正統化できるのは、三次元主義のその時間に内在し、過去が帰結する今という視点のみである。

無窮について、佐藤正英は「無窮であるとは、時間の現前としての現在が持続することなのである。それ故、『正統』における後代への持続という場合の、後代とは、つまるところ、茫漠たる未来に帰結するのではなく、その歴史において語られている最終時点としての現在に帰結する[45]」と、いう。無窮とは現在の持続であり、後代とは現在に帰結する最終時点である。したがって、無窮とは最終時点としての現在に帰結する。

この無窮と現在との関係について、佐藤正英は、「無窮であるかないかは、現在の時点にまで持続しているかいないかである[46]」という。さらに、「現在という時点を原点として歴史が構成されている[47]」と、する。そして、「『正統』の無窮性は、現在という時点に収斂し、現在という時点においてひとつの完結をもっているのである[48]」と、いう。無窮であることは、過去から今に至るまで持続していることが前提である。これが〝至今〟であるならば、その今が原点となり、そこから遡って歴史を構成することになる。正統の無窮性は一瞬の今に収斂し、ここで完結する。未来が今に含意されているならば、これは、『日本書紀』冒頭における古と未の二項構造とも類似性があり、かつ、『続日本紀』の中今とも親和性が認められる。ただし、今以後という未来が今現在に収斂されるのか、ここまでの佐藤正英の指摘では未だ判然としない。

佐藤正英は、無窮と未来について、「無窮であるということは、もちろん、未来への展望を全く含まないのではない。しかし、ここにおける未来は、いわば現在という時点が現在のままで持続するということであって、未来がそれ自体において質的に新しいものを含むことはない。未来は、現在の単なる持続にとどまるのである[49]」と、いう。無窮性は現在に帰結するのであるが、未来とはその現在の持続なのだという。未来は茫漠に広がっているようであるが、未だ存在する時間ではない。一瞬の今は今以後という未来の端で、刻々と過去へ向かって移ろいでいる。これにより、佐藤の〝未来は、現在の単なる持続〟という指摘は正鵠を射ている。

それでは、過去と正統の関係はどうなのだろうか。佐藤正英は、「過去のすべては、過去がまさに『正統』につながるかぎりにおいて、現在という時点にすべて収斂し、いわば現在という時点に顕現するのである。現在に顕現しえない過去は、過去たりえず、過去としての意味をもっていない。つまり、『正統』たりえないのである[50]」。と、いう。過去は既に存在しない時間であるが、過去もまた一瞬の今という一時点に収斂し、記憶として現在に顕現し、今現在として、主体者の心象のなかで明確に再現される。現在に顕現するからこそ、正統たり得るというのであろう。したがって、佐藤正英は、「ある特定の時点における過去が、規範あるいは理想としての価値を付与され、絶対化されるということはありえない[51]」と、いうのである。

三次元主義、あるいは、現在主義において、存在する時間は今のみである。これにより、過去も未来も、現在という一瞬の今に収斂される。そうであるならば、今以前の古の一点を原点として、その原点を規範や理想として後づけることが可能になる。古の渾沌や中今は、ただの渾沌やただの今であるが、後づけの価値が付与されて、それが膨張し絶対化に至ることも可能になる。したがって、佐藤正英は、「持続するものの内実は、それ自体においては、なんらの限定づけをもっていない。その質的限定づけは、原点たる現在によって、いわば後から与えられるのである」[52]と、いう。

皇位の継承をめぐる正統の無窮性は今に至るまで持続しているか否かであり、無窮は最終時点としての今現在の事実に帰結する。これにより、無窮は過去・現在・未来に亘って、時間の流れを超越する永遠性に基づいた理想や信念とは相違する。このため、皇位継承をめぐる即位の宣命において、無窮と永遠は同様には論じられない。天壌無窮とは〝天壌と窮《きわま》り無かるべし〟つまり、天地が存在するのと同じように窮りのない長い時を示している。天文学的にいえば、地球がなくなれば必然的に地(壌)は失われ、宇宙がなくなれば天も失われる。したがって、理屈として天壌無窮は永遠ではない。

以上のように、無窮と永遠は異質の時間概念である。とはいえ、三次元空間で生きる我々は、異次元空間を俯瞰するような時間の観測者にはなり得ない。移ろう時のなかでのみ意味を持つ三次元空間の無窮性と、時の流れを超越し、過去・現在・未来が同時に存在する四次元時空間の永遠性とを、同じ物差しで比較するのは不毛であるように思う。時間の流れのなかで持続する皇統の正統性は無窮とされるが、時間の流れを超越する永遠と同様に、無窮も永遠も、三次元空間の人間が自らの寿命のなかで体験する季節の移ろいや、心象として顕現するイメージと比べると遥かに長い時間であり、その範囲において、無窮を永遠と呼んでも差し支えないように思う。ただし、最終時点としての今現在の事実に帰結する無窮性と、理想や信念として時間の流れを超越する永遠性とは異質の言葉だという点は踏まえておくべき必要がある。これについては記述学と規範学という考え方が一つの端緒になるのかも知れない。

註

（1）黒板勝美編輯『新訂増補　国史大系　日本書紀　前篇』吉川弘文館、一九六六年、六三、六四頁。
（2）大己貴神の御子、事代主神は平和を守るために大和との戦乱を避け、出雲の国譲りを大己貴神に進言した神である。国譲りの後、事代主神は八重蒼柴籬《やへあをふしがき》をつくり、その神籬《ひもろぎ》を設えた船の側板を踏んで海の彼方へと消え去ってしまう。これにより、事代主神は蛭児とともに、海上から福徳や幸をもたらすエビス（恵比寿・恵比須・夷・戎・蛭子）神として、今に至るまで深い信仰を集めている。なお、蛭児とは伊弉諾尊と伊弉冉尊の御子であり、大日孁貴（天照大神）と月神の弟であり、素戔嗚尊の兄でありながら、三歳になるまで立つことができず、舟に乗せられ海へと流されてしまう。古典神話には、その後の蛭児の消息は一切記されていない。
（3）前掲の『新訂増補　国史大系　日本書紀　前篇』六四頁。
（4）同右、『新訂増補　国史大系　日本書紀　前篇』三八頁。
（5）同右、『新訂増補　国史大系　日本書紀　前篇』八一頁。
（6）同右、『新訂増補　国史大系　日本書紀　前篇』六一頁。
（7）同右、『新訂増補　国史大系　日本書紀　前篇』一五八頁。
（8）同右、『新訂増補　国史大系　日本書紀　前篇』一六七頁。
（9）黒板勝美編輯『新訂増補　国史大系　続日本紀　前篇』吉川弘文館、一九八一年、一頁。
（10）大野晋・大久保正編集校訂「続紀歴朝詔詞解」『本居宣長全集　第七巻』筑摩書房、一九七一年、一九八頁。
（11）折口信夫「神道に現れた民族論理」『古代研究』（民俗学篇2）・『折口信夫全集　第三巻』中央公論社、一九六六年、一六三頁。
（12）同右、『折口信夫全集　第三巻』一六三頁。

(13) 黒板勝美編輯『新訂増補　国史大系　古事記　先代旧事本紀　神道五部書』吉川弘文館、一九六六年、五頁。
(14) 河合隼雄『神話と日本人の心』岩波書店、二〇〇三年、三七頁。
(15) 同右、『中空構造日本の深層』五四頁。
(16) 同右、『中空構造日本の深層』五二、五三頁。
(17) 『新訂増補　国史大系　日本書紀　前篇』一六頁。
(18) 加藤周一『日本文学史序説　上』筑摩書房、一九七五年、六七頁。
(19) 斎藤茂吉『万葉秀歌　上』岩波書店、一九三八年、九五頁。
(20) 同右、『万葉秀歌　上』九五頁。
(21) 同右、『万葉秀歌　上』九五頁。
(22) 同右、『万葉秀歌　上』一六八頁。
(23) 江口孝夫訳注『懐風藻』講談社、二〇〇〇年、参考。
(24) 前掲の『万葉秀歌　上』一六八頁。
(25) 前掲の『日本文学史序説　上』六七、六八頁。
(26) 同右、『日本文学史序説　上』六八頁。
(27) 同右、『日本文学史序説　上』八四頁。
(28) 上田賢治『神道神学　組織神学への序章』大明堂、一九八六年、一四三～一五八頁。
(29) 史籍集覧研究会編『続史籍集覧　第二冊』すみや書房、一九七〇年、一七頁。
(30) 前掲の『日本文学史序説　上』一三四頁。
(31) 同右、『日本文学史序説　上』一三五頁。
(32) 同右、『日本文学史序説　上』一三〇頁。
(33) 同右、『日本文学史序説　上』一三五頁。
(34) 市古貞次校注『新訂　方丈記』岩波文庫、一九八九年、九頁。

(35) 西尾実・安良岡康作校注『新訂　徒然草』岩波文庫、一九二八年、二六七頁。
(36) 同右、『新訂　徒然草』二六七、二六八頁。
(37) 前掲の『新訂増補　国史大系　日本書紀　前篇』七〇頁。「葦原千五百秋之瑞穂国」は「豊葦原千五百秋之瑞穂国」とも記されるが、国史大系には「豊」の字がない。
(38) 北畠親房著・岩佐正校注『神皇正統記』岩波文庫、一九七五年、一五頁。
(39) 佐藤正英「日本における歴史観の一特質『正統』をめぐって」『理想　四三一』理想社、一九六九年、四四頁。
(40) 同右、「日本における歴史観の一特質『正統』をめぐって」『理想　四三一』四五頁。
(41) 同右、「日本における歴史観の一特質『正統』をめぐって」『理想　四三一』四六頁。
(42) 同右、「日本における歴史観の一特質『正統』をめぐって」『理想　四三一』四七頁。
(43) 同右、「日本における歴史観の一特質『正統』をめぐって」『理想　四三一』四七頁。
(44) 同右、「日本における歴史観の一特質『正統』をめぐって」『理想　四三一』四七頁。
(45) 同右、「日本における歴史観の一特質『正統』をめぐって」『理想　四三一』四七頁。
(46) 同右、「日本における歴史観の一特質『正統』をめぐって」『理想　四三一』四七頁。
(47) 同右、「日本における歴史観の一特質『正統』をめぐって」『理想　四三一』四七、四八頁。
(48) 同右、「日本における歴史観の一特質『正統』をめぐって」『理想　四三一』四八頁。
(49) 同右、「日本における歴史観の一特質『正統』をめぐって」『理想　四三一』四八頁。
(50) 同右、「日本における歴史観の一特質『正統』をめぐって」『理想　四三一』四八頁。
(51) 同右、「日本における歴史観の一特質『正統』をめぐって」『理想　四三一』四八頁。
(52) 同右、「日本における歴史観の一特質『正統』をめぐって」『理想　四三一』四八頁。

第五章　膨らんでいく中今論

膨らんでいく中今　その一（記述学と規範学）

宗教学者の岸本英夫（一九〇三～一九六四）は、宗教の研究について、「神学」、「宗教哲学」、「宗教史」、「宗教学」[1]を挙げ、神学と宗教哲学を主観的立場による規範的研究と位置づけ、宗教史や宗教学を客観的立場による記述学的研究と位置づけた。記述学とは〝こうあった〟のだと、対象の特質や対象が置かれている状況のありのままを、客観的事実として記述する方法であり、一方の規範学とは〝こうあるべき〟だと、対象の主観的当為を理想型として、よるべき基準を問う方法である。

こうした簡潔な分類はそれぞれの研究対象、研究領域、研究目的などを整理するのに有用である。ただし、分類対象には境界の曖昧なものや、分類の枠に収まり切れないものがある。したがって、神学や宗教哲学をめぐる研究方法のすべてが主観的な枠に収まるわけではない。このため神学や宗教哲学においても客観的比較法が適用される必要がある。

神学は信仰の学とされ、同じ信仰を共有する人にしか感受し得ない護教学という向きもある。つまり、神学は特定信仰の立場から、その信仰を弁証する護教の学であるため、客観的かつ中立的にはなり難いという側面がある。ただし〝神学の営みは一つの特定信仰がいかなる形態を示し、どのような見地を持って、何を残存させ、何を変化させていったのかを自問すべく理性的に体系的に提示すべき愚直な作業の積み重ね〟[2]を要する。神学のみならず、思想や哲学をも広く含めて、自らが置かれた環境や社会、あるいは他者と自己自身との相対的な関わりのなかでこそ、神学的自己省察はなされる。

一方、記述学とされる宗教史や宗教学研究の基本姿勢は客観的記述性である。とはいえ、主体者である研究者が抱く無意識的かつ意識的価値志向性は、研究対象への思い入れと厳格に分離隔絶されているわけでもない。研究活動それ自体、研究対象の選定から研究内容の選択、方向づけ、結論に至るまで、本質的に主体者の主観的経験や志向性に依拠している。したがって、客観性に基づく宗教史や宗教学の研究姿勢は公平公正に、より一層客観性・記述性を尊重する志向性が求められる。

中今とは、古の過去から続く時の流れを一瞬の今に帰結させ、今に至る現実を強調する言葉である。本居宣長は「中今とは、今をいふ也[3]」と、中今が今であることを明示する。折口信夫も「此は、今が一番中心の時だと云ふ意味である[4]」と、中今が今の強調であることを認めている。中今が今であるならば、中今の中は今という体言を強調する連体修飾語ということになる。その強調の度合いにおいて、中今は単なる今から、盛りの今、中心の今へと、今を強調し、その修飾表現は無限に膨らんでいく。つまり、今を強調する表現の許容範囲は思う以上に大きく膨らんでいく。ただし、『続日本紀』宣命に記された中今は今以上のものでも、今以下のものでもなく、今の意味を超えるものとして記述されているわけではない。

確認すべきことは、『続日本紀』文武天皇紀に記された中今が、皇統の永続を言祝ぐ天皇即位の宣命に用いられた言葉だということである。したがって、中今が今の強調であろうとなかろうと、中今を記した天皇即位の宣命は、天皇による日本統治の意義や皇統の永続性を謳った国体論と親和性が高いといえる。ただし、国体論と親和性が高いのは中今という言葉ではなく、天皇即位の宣命そのものである。

西田幾多郎は「学問的方法」のなかで、「近頃『中今』といふ如き語を耳にするが（宣命にあるその語は単に今といふ義であると云ふが）、若しさういふ語を以て日本精神を特徴づけるならば、かかる時の考へ方によらねばならないのではなからうか(5)」と、いい、『続日本紀』宣命の中今が単なる今であることを認識しつつ、中今と日本精神の特徴に見えてくる時間の捉え方に注視する。そして、「皇室は此等の主体的なるものを超越して全体的一と個別的多との矛盾的自己同一として自己自身を限定する世界の位置にあった(6)」と、いい、中今と日本精神の特徴を皇室との関係に寄せていく。

これに対して、片山杜秀は『近代日本の右翼思想』で、「『皇室』を現実世界の限定的存在を超越した『無の場所』、矛盾の根底にあるものに擬し、『絶対矛盾的自己同一』の論理、西田的な現在至上主義的論理を、日本の現実に直截に適応しようと試みているのである(7)」と、いう。片山は西田幾多郎の〝絶対矛盾的自己同一〟を介しての中今論と国体論との適応を試みる気運に対し、懐疑的な視線を向けている。

中今の理解をめぐって、古典の記述から今の強調、礼讃、現在至上主義的傾向を読み取り、〝こうあった〟のだと事実を確認していく記述学的姿勢がある。一方、古典の解釈から皇統の永続を祝福し、皇統の護持すべき国体の精神を陶冶し、〝こうあるべき〟だと当為を標榜していく規範学的姿勢がある。こうした記述学的姿勢と規範学的姿勢とを混同すると、中今の理解をより一層難解なものにしてしまう。

片山は中今の理解を整理するにあたって、「第一は、超因果的時間として経験され続ける、現在ありのままに充足を求める意味での、広義の『中今』である。第二は、その現在に投入してゆく意識をイデオロギー化し、そうした感情を体制の下で定着させるための『天皇神話』を込みにした、狭義の『中今』である(8)」と、述べ、広義と狭義との二つの中今を提示する。

こうした分類は中今の思想を整理する前提として、極めて重要である。ここで示された「広義の『中今』」と「狭義の『中今』」は、中今を解釈するうえで、文献記述に基づき、中今は〝こうあった〟のだと事実を確認していく記述学的姿勢と、信条に基づき、中今は〝こうあるべき〟だと当為を標榜していく規範学的姿勢との混同を整理するための重要な指針にもなる。さらに、片山は「現在の自己充足化に向かう広義の『中今』的な心性を、とりあえず現在至上的な意識とか、現在至上的な感情などと名づけ、何らかの『神話』と結合した、狭義の『中今』的な態度を、『中今』、『中今』的状況としておくことにする(9)」として、自身が述べる中今という言葉を規定し、中今を広義と狭義に分類する。

〝狭義の『中今』的な態度〟は、文献を拠として、縷々述べてきた今を強調する現在至上主義的な中今理解に加えて、ただただ今であるはずの中今に特別な価値を付与し、精神論として膨張させていく中今を指す。いうまでもなく、片山が展開する中今批判は、主に後者の狭義の中今的状況である。したがって、片山は「現在のみの時間感覚を擁護し、それを超歴史的に正当化すべく、『日本精神論』の立場から提出されたのが、『中今』という言葉である[10]」と、中今を評する。これにより、片山は最後の国学者とされる山田孝雄《やまだよしお》（一八七五〜一九五八）を「文武天皇即位の宣命等を出典とするのだが、この『中今』をもって日本人の時間感覚の根本とし、永遠に充足する現在のための『神話』を提示した代表的イデオローグ[11]」と、位置づけた。

山田は「肇国の精神」で、「『中今』といふ語は、現在を過去と未来との中と観ずるものであるが、これは時そのものを永遠の存在と観ずる思想が根柢をなしてゐて、しかも時間の現実性を『今』によりて認むる思想である。即ちこれは永遠そのものを闕下に有しつつ現在を表してゐる語である[12]」と、いう。そして、山田は「かくして億兆心を一にして天皇の大御業を翼賛し奉りつつ一日も息まぬところに天壌無窮の皇運が展開しつつ進むのである。まことにこの『中今』の精神あつてこそ、我が国が永遠の生命を有し、永遠に発展することも深い根柢を得るのである[13]」と、いい、さらに、「我が歴史は永遠そのものが『今』といふ形に於てあらはる所の展開であり、我が歴史の根柢にはいつもその永遠そのものが不断の生命を以て流れてゐる[14]」と、記している。

中今が今であることは縷々述べてきた。ただし、中今の中とは今を強調する修飾語であり、中が今を強調する表現である限り、中今は解釈する個々人によって、意味する幅が伸縮する。現在主義から離れ、永久主義の視点に立てば、過去・現在・未来が同時に存在する四次元世界は、それぞれの現在も過去も未来も無数に存在することになる。過去と未来に挟まれた一瞬の今を不連続の連続が移ろう永遠の流れと見るならば、移ろう数多の今現在を永遠と見なす見識もある。ちなみに、前述のように、場と素粒子の関係を電光掲示板と点滅する電球の関係で説明したが、固定された電球が敷き詰められた電光掲示板を稼働させると、電球が点滅し、文字や絵柄が移動して見える。不連続と連続のイメージとしては固定された電球が不連続であり、移動して見える文字や絵柄が不連続の連続が移ろう永遠の流れと見る解釈もあり得る。

記述学的姿勢に止まることなく、古典の解釈から一歩でも二歩でも踏み出して、皇統の永続を祝福し、皇統を護持すべく国体の精神を陶冶し、〝こうあるべき〟だと当為を標榜していく規範学的姿勢は、自らの思想を構築する思想家の性《さが》でもある。規範学的姿勢において導かれた当為を動力因として中今を解釈すれば、中今は永遠の価値を付与され、永遠の今ともなり得るのである。

ただし、文武天皇の即位をめぐる『続日本紀』宣命の記述を拠として、それに重きを置くならば、一即多の方便のように、「中今の『今』はその中に永遠を含む(15)」とする山田の中今理解を手放しで受け入れることはできない。宣命に記された中今は基本的にただの今、真っ只中の今だからである。皇位の継承をめぐる正統の無窮性は、古の過去から今に至るまで持続しているか否かが重要であり、無窮は今現在の事実に帰結する。したがって、無窮は過去・現在・未来という時間の流れを超越する永遠とは意味が違う。これにより、中今から永遠の今へ、さらに、皇統の天壌無窮へと展開し、永遠と無窮を混同するような山田の中今論は、宣命に記された中今よりも膨張し、既に形を変えている。こうした姿勢は〝こうあった〟のだと文献を実証していく記述学の方法とは乖離している。

宣命で強調されるのは、永遠の中今の精神などではなく、皇統が古の過去から継承され続け、それが今に至るという祝福や感謝である。さらにいえば、天壌無窮のごとき皇統の永続を宣言した天皇の意志である。したがって、確かに、今に至る皇統の永続を言祝ぐ天壌無窮の精神と。過去からの時の流れがこの一瞬の今に帰結するという今を強調した中今は親和性がある。しかし、天壌無窮に基づき皇統の永続性を謳った国体論と親和性が高いのは、中今という言葉ではなく、皇統の永続を謳った天皇即位の宣命そのものである。したがって、宣命に記された中今は過去が帰結する一瞬の今であり、永遠の今ではない。

さて、片山は広義の中今が孕む問題点についても、「ありのままで即充足的な現在しかないのなら、そこには努力も何も必要とされはしない。『中今』の中でもあがこうとする理論への志向に対する最後の鉄槌、それが『俗流西田主義』の時代的役割である[16]」と、指摘する。過去からの時の流れが帰結する一瞬の今の自覚を飛び越えて、今そのものに永遠の価値を措定するのも実に難儀なことである。「俗流西田主義」というからには、このなかに西田幾多郎自身の言説は含まれないのだろう。ただし、その好悪や是非に及ばず、この鉄槌によって、中今を永遠の今として理解する気運は膨張していった。西田幾多郎を含めたこの時代の思想潮流に対する片山の批判は非常に機知に富むものである。

片山は山田の中今論が導く『中今』と『事実主義』について、「『肇国の事実性』という『神話』的知識によって、『目の前にあるもの』、『そのもの』へと傾斜するしかないような時代感情を『超歴史』化してしまう。現在は徹底的に絶対化され、そこではつぎつぎと継起する事実がそのまま真理であり、理性的でなければならなくなる」(17)と、いう。肇国とは国を肇《はじ》めること、新たに国家を建てることである。つまり、これは天壌無窮の神勅に基づき、神武天皇が即位して以来、天照大神の男系子孫が皇位を継承していく万世一系の皇統を護持する国体である。確かに、当為を語ることと事実を解くことは整合し得ないこともある。とはいえ、少なくとも千数百年の間、〝超歴史化〟した〝神話的知識〟の記述に基づき、天照大神の男系子孫による万世一系の皇統は当為をともなった事実として、今に至るまで揺らぐことなく持続している。ただし、私はこうした事実に中今論が深く影響しているとは思っていない。それゆえ、次節において、天壌無窮の信念が永遠の今という時間論をまとい、中今と融合していく様を、山田の膨張していく中今論のなかから、再度、確認していきたい。

膨らんでいく中今　その二（山田孝雄の膨張する中今論）

『続日本紀』宣命に記された中今は、いかにして、永遠の今となり、さらに、天壌無窮の神勅に基づく万世一系の皇統を護持する国体論に結びついていったのか。山田孝雄の「祝詞宣命」に記された中今論を拠として考察を進めたい。

山田は、「中今といふ語は、中といふ考へと今といふ考へとが一つになつて出来た思想をあらはした語であることはいふまでもない(18)」と、いう。山田は、中今を中と今とが合成された思想だという。そして、中という語については、「先づこれに対して上下とか前後とかいふ考《ママ》があつてはじめて意義を生ずる語である(19)」と、中の相対的特性を指摘し、今という語については、「何かと時間の上に立脚してゐる語で、現在といふに同じ意味であることはいふまでもあるまい(20)」と、いい、今が現在であるという見解を示す。さらに、「中今といふ語は現在を中であると見ていつた語である(21)」と、いい、現在を中心とするのが中今だとする。

山田の解釈によれば、〝今〟は現在を意味するが、〝中今〟は〝中〟と〝今〟との合成語として、今現代を中心とする現在中心主義的思想になるという。したがって、山田は中今の中のみをもって今を強調する連体修飾語だと指摘することはない。ただし、山田が中の理解として上下や前後に対する相対性を示した点は正鵠を射ている。

ここに示された山田の中今論は、過去と未来の境界にある一瞬の一時点を今として、それを時間の中心に据えている。この点において、山田の中今論は本居宣長、折口信夫、西田幾多郎ら、宣命の記述をめぐる先学の解釈と相同の関係にあると推論できる。

こうして、山田は「現在といふものが中心で、それに対する時間の他の観念が対立してゐるべきことはあきらかである(22)」と、いい、現在が中心であるという中今の思想を措定する。「中今に対立する時間の観念は一方は過去であり、一方は未来である。この過去と未来とが相対して考へられ、而して現在が中間にあってこれが中心として存在するということが中今という思想である[23]」と、いう。山田は過去と未来に相対する現在を中心に据えて中今論を展開する。ただし、過去と未来との間で相対する宣命の中今（今）とは、過去からの時の流れが帰結する今であり、その今のなかに未来も含意されているのである。

続いて、山田は、「過去というものは一度は現在であつたものであるが、今では現在ではないのである。又未来はいづれ一度は現在になるべきものと考へらるるものであるけれども現在ではない[24]」と、いう。一瞬の今の前後に過去と未来を見る時間の二項区分、あるいは、過去・現在・未来という三項区分は人間の時間に対する認識において、普遍的な時間論である。これ以外に特殊性のある時間構造を提示することは相対性理論や量子力学による理論物理学を駆使しない限り難しい。しかし、山田の時間認識はアウグスティヌスの〝時間の三つの相違〟や〝永遠の今〟にも連なる理解に寄せていく。

山田は中今と永遠の今との結合を試みる。山田はいう。「時間の上での実在点として吾人に認識せらるるのは、ただ現在だけである。しかもこれが現在といつて、切り離されたものでなくて、時間といふ一延長性をもつ永遠の流れのうちの一点であることである。この一点が即ち中今である[25]」と。さらに続けて、「この中今という思想はそれ故に時間の永遠の流れといふ思想と、その時間の永遠の流れのうちに現在といふものが中心点として存するものであるといふ思想を含んでゐる[26]」。と、いう。山田は中今を単なる今ではなく、時間の中心となる存在と見ているため、この一時点は永遠に不連続が連続する時間の一時点ということになる。しかし、三次元世界において、不連続が連続するが如き一瞬の一時点はあまりに観念的刹那である。山田は、「時間の実在性は現在といふ一点によりて支持せられ、その現在が永遠の流れをなすことを考ふることによりて時間の実在が認識せらるるのである」[27]と、いう。三次元の現在主義においては、過去からの時の流れが帰結する一瞬の今現在のみが存在する唯一の時間である。これにより、今現在を時間の中心と理解するのは至当といえる。ただし、四次元の永久主義においては、数多の過去・現在・未来が同時に存在し、数多の今という一瞬の不連続が永遠に連続している。これが永遠の今である。仮に、今という唯一の存在に、我々が重苦しい意味を背負ったと感じたとき、我々をその呪縛から解放してくれたのが永遠の今という考えなのかも知れない。しかし、永遠は時の流れを超越するのに対し、無窮は時の流れそのものであるように、永遠と無窮は異質な時間構造である。無窮の今が同時に存在する永遠の世界では、古から今に至る時の流れが帰結する一瞬の今の自覚に価値を置く天壌無窮の皇統の正統性・特殊性・独自性は意味を失う。したがって、山田は時間を超越する永遠について、必要以上に詳述することはない。それは観念の領域のさらなる諦視を、避けたからなのかも知れない。

かくして、時間の実在性を介して、中今と永遠の今とが結合する山田の中今解釈は、極端な疑念も確信も独自性も希薄なまま、次なる使命（仕事）へと移行していく。むしろ、山田が感じていた使命はここから先にある。それは中今が「わが国体に如何なる関係をもつかといふ事を略述[28]」することである。

山田は「わが国体の特性として最も尊厳な点は天壌無窮にして万世一系の皇統を戴いてゐる点であ

ることはいふまでもない[29]」と、いう。続いて、「天壌無窮といふことは事実であるからもとより説明の必要が無いといへばそれまでの話であるが、事実は過去から現在までの事に止まるので、未来のことは信念といふべきでまだ事実では無いのである[30]」と、いう。

山田は過去から現在に帰結する天壌無窮の皇統は事実である一方、その未来は事実ではなく、信念だという。これは正鵠を射ている。天壌無窮の神勅に基づく皇統は古の過去から今に至るまで継承され、さらに、未来永劫継承されるべきものである。しかし、未来の継承については未だ事実ではなく、信念であるに過ぎない。したがって、山田は事実ではない未来に正統という価値を付与する必要があった。これにより、今現在を中心として、過去から未来に亘る中今の思想の確立に白羽の矢を立てた。

山田はいう。「その中心になるその偉大な思想は何であるかといふに自分は中今という語であらはされたその思想であると思ふ[31]」と。今、あるいは、今を強調し今を意味する中今は天壌無窮に相当する偉大な価値を付与されていく。こうして、山田は「中今といふ思想は今を中心として無窮の過去と無窮の未来とを考へてゐる思想である。過去を考へずしては中今といへぬと同時に未来を考へずしては中今とはいひ得ないのである[32]」と、いい、今を中心に過去にも未来にも無窮に拡がっていく中今を描いていく。このように、膨張していく中今は「かように無限の流れをなす『今』を中と観じた時に、それは無窮であらねばならぬ。万世無窮といふ思想は中今といふ思想のかへ詞にすぎないのである[33]」と、いうのである。このように、山田は万世一系や天壌無窮という思想を凌駕する言葉（詞）として、中今を膨張させていく。

繰り返し述べてきたが、『続日本紀』に記された最初の宣命は文武天皇の即位をめぐる言葉である。中今の初見となるこの即位の宣命は、必然的に皇統の永続に向けられた決意と親和性が強い。このため、山田は規範学的姿勢をもって、日本精神のあるべき姿を模索しながら、中今の思想の構築を目指し、天壌無窮や万世一系をも凌駕する中今という言葉（詞）を用いて、皇統を護持する国体精神の陶冶を試みようとしたのであろう。

こうした山田の信念は二十世紀前半の多様な思想潮流のなかで注目されるべき一つの見識である。ただし、記述学的姿勢に立ち戻って、中今初見の出典となる『続日本紀』宣命の検証は必要不可欠な作業である。そもそも宣命で言祝いでいるのは永遠の中今の精神ではなく、古の過去から継承されてきた皇統が、今に至るまでに存続しているという事実に向けられた感謝や祝福である。古から継承された無窮の皇統は今に帰結する現実であり、時間を超越する永遠ではない。そして、この皇統が今という中今に至るという事実を自覚し、感謝することにより、天皇は天壌無窮のごとく、未来永劫に亘って、安寧な世を祈る皇統の永続を新たに確信できる。

確かに、皇統の永続は天壌無窮とされているが、無窮と永遠はまったく異質の言葉である。なにより、宣命という記述のなかにある中今という言葉は、ただの今であり、あるいは、真っ只中の今である。解釈によって重なっていく今の強調は、極限的に現在至上主義的術語になり得るが、そうだとしても、中今が今という概念から逸脱することはない。したがって、山田の語る中今はもはや『続日本紀』宣命に記された中今ではなくなっている。

繰り返し述べるが、今現在とは三次元空間に内在する主体（観測者）が、体感できる唯一の時間である。これにより、三次元主義を飛び越えて、その空間に時間を加えた四次元時空のなかでは、過去・現在・未来が同時に展開し、一瞬の不連続の今が、縦にも横にも斜めにも間断なく無限に重なっていくという。その次元に外在する観測主体が時間の流れを確認できるのは、事象の前後関係のみとなり、今、つまり、過去・現在・未来のなかで移ろう現在がどこにあるのか客観的にも相対的にも判断できなくなる。仮に、数多の今が同時に存在し、一瞬の非連続の連続によって時空を移ろい行く様を、〝永遠の今〟と捉えることができるなら、理屈としての永遠の今は成り立つことになる。これについては後で再度触れることにする。

西田長男による山田孝雄批判

山田孝雄の中今論を指弾したのは、神道学者歴史学者の西田長男（一九〇九〜一九八一）である。西田長男は「『中今』の語釈をめぐって」のなかで、山田の中今理解（前述の『祝詞宣命』）が、本居宣長の解釈に加え、「西洋哲学の『永遠の今』といった時間論を短絡・習合せられたもの……[34]」と、指摘する。

本居宣長の解釈とは、「続紀歴朝詔詞解（歴朝詔詞解）」に記された「中今とは、今をいふ也、後世の言には、当時のことを、降れる世後の世などいふは、よろしくもあらぬいひざまなるを、中といへるは、当時を盛りなる真中の世と、ほめたる心ばへ有て、おもしろき詞也[35]」である。西田長男は山田の中今論を、中今を時の中心に据えていく宣長の解釈や、アウグスティヌスに代表される永遠の今という時間論の短絡的習合というのである。西田長男はこうした認識を前提に山田の中今論を批判していく。

西田長男は、神道を学ぶ戦後の國學院の学生たちが、「神道は中今である[36]」と、揚言するのを聞くにつけ、これを「アウグスティヌスの神学の『永遠の今』のただの言い換えに過ぎないようであって、はたしてこれが神道の教理であるかどうか、すこぶる疑わしく思われる[37]」と、疑念を抱く。ちなみに、西田長男は國學院の出身であり、その教壇にも立っている。しかし、西田長男は「学生諸君のいうところは、むろん、師承に基づいているのであって、彼らじしんの自発的な見解ではないのであるが、こんなことを神道の根本概念として教え込んで、彼らを洗脳してしまうのは、わたくしにはたいへん恐ろしく思われるのであるが、……[38]」と、述べ、問題の所在を学生ではなく、師承による洗脳と指摘し、それに恐怖すら覚えていたというのである。

西田長男が「『中今』の語釈をめぐって」で記した〝神道の教理〟とは、「理論なき人びとの心をこころとし、実証という忍耐と辛苦との不断の積重ねを必要とする研究の過程を経て、ようやくにして把捉し得られるべきはずの神道の教理[39]」と、いう。神道を紐解く完全無欠の史料が大系化されているならば好都合なのだが、そんなものはどこにもない。たとえあったとしても〝実証という忍耐と辛苦との不断の積み重ね〟を欠くことはできない。歴史が叙述するのは事実ではなく茫漠な事象の比較検討の過程である。過去の事象に対して筋道を立てて叙述するのが歴史である。歴史は叙述であるが故に、そこには他意のない誤記や悪意に満ちた虚偽、曲学阿世の徒による改竄もあり得る。これらを検証するためには、方法論が必要になる。一概にはいえないが、叙述に至る前に、史料収集→史料批判→注釈→解釈という流れを丁寧かつ愚直に行うことが肝要であり、こうした手続を経て叙述に至る。

提示した仮説を論証するためには、いつ・どこで・だれによって書かれたのかという三つの要素を充たした一次史料の存在は頼もしい。前述のように、中今を記した『続日本紀』は三拍子そろった一次史料といえる。当然、それ以外の史料も必要なだけ収集（史料収集）し、それら史料の有効性や信憑性を淡々と見極める批判（史料批判）を重ね、より客観的な注釈を加え、正反の側面から解釈を施し、提示した仮説に推論を重ね合わせていく努力が必要になる。こうして得られた結論を叙述していくのが歴史を記述していく方法の理想なのではないだろうか。

しかし、史実（歴史的事実や歴史認識）を声高に叫ぶ人々のなかには、史料収集、史料批判、注釈までの過程をスポイルし、多様な視点からの解釈を蹴散らして、自分勝手な政治的意図や夢や願望の物語を（歴史に）持ち込んでくることもある。自然科学の実証であれば、公理に基づき、定量性・再現性・有意性・客観性に鑑みて、一定の基準を導き出せるのだろう。ただし、人間の諸々を探求する人文科学の学問領域において、人間をめぐる多様な価値判断に対しての優劣は決し難い。

歴史は事実に白黒をつけるものではなく、それに事後的な私刑を加えるものでもなく、ただ只管に過去の事象を検証し、未来の幸福につなげていくものである。古の時空を経て、多様な人間が織りなしてきた思いを等閑にすることは憚られる。残念ながら、普遍的な歴史事実や価値の固定は、全体主義・原理主義・教条主義を助長する恐れがある。一つの事象にも多様な視点を認めることが健全である。黒澤明監督の映画『羅生門』（原作は芥川龍之介の『藪の中』）のようなものである。事象を客観化して徹底的に検証することは揺るぎようもない基本的姿勢なのだが、その事象の解釈は、異なる視点において三者三様の証言を導く。たとえば、当事者である三人、三船敏郎（多襄丸）、京マチ子（真砂）、森雅之（金沢武弘）、あるいは、本間文子（武弘が既に殺害されているため、白洲での証言は巫女が代弁）らは、同じ現場に立ち会いながら、それぞれが異なる証言をする。

歴史や事象を紐解いていくのも、一観測者たる人間なのである。したがって、すべてにおいて客観的であろうと理想を押し通すことも難儀である。事象を検証し、歴史を叙述するには、それに対峙する人間個人の強い主体に基づく動機づけ（モチベーション）が必要になる。この動力因が個々人の主観や主体性につながっていく。

西田長男は「『中今』の語釈をめぐって」の執筆に至る動機づけを、同論のなかで述べている。西田長男は山田が「『中今』……、それを『永遠の今』と解する」ことについて、自身（西田長男）のような「戦中派にとっては、かつて文部省から国民の思想統一を随一の目的として刊行された『国体の本義』の亡霊が、今更ら何を考えてか、さまよい出してきたのと思い――それも二度と思い出したくないような――を禁ずることができないのである」と、回顧する。[41]

西田長男が亡霊として忌避した『国体の本義』には、天壌無窮と永遠の今との関係を以下のように記している。

天壌無窮とは天地と共に窮りないことである。惟ふに、無窮といふことを単に時間的連続に於てのみ考へるのは、未だその意味を尽くしたものではない。普通、永遠とか無限とかいふ言葉は、単なる時間的連続に於ける永久性を意味してゐるのであるが、所謂天壌無窮は、更に一層深い意義をもつてゐる。即ち永遠を表すと同時に現在を意味してゐる。現御神にまします天皇の大御心・大御業の中には皇祖皇宗の御心が拝せられ、又この中に我が国の無限の将来が生きてゐる。我が皇位が天壌無窮であるといふ意味は、実に過去も未来も今に於て一になり、我が国が永遠の生命を有し、無窮に発展することである。我が歴史は永遠の今の展開であり、我が歴史の根柢にはいつも永遠の今が流れてゐる。(42)

山田が編集委員を務めた『国体の本義』は、戦後、ＧＨＱによって、禁書とされた書物である。ただし、詳細な検証をともなわない先入観によって、この『国体の本義』を論難することは避けたいと思う。ここで唱えられているのは天壌無窮と永遠の親和性である。確かに、皇統の永続が天地とともに窮りないという終わりなき世の祝福は四次元主義的永久主義において、過去・現在・未来を超越した〝永遠〟と捉えられるだろう。また、古からの時の流れが帰結する今という現実に無窮を自覚し、かつ、その今のなかに未来をも含意できるならば、三次元主義的現存主義においても、〝過去も未来も今に於て一になり〟とする理解を荒唐無稽と一蹴するのも憚られる。ただし、永遠の今と無窮の今は意味するところが違う。山田は、時間を超越した永遠のなかで連続する永遠の今と、古から永続する皇統において帰結する無窮の今が、どのように合流されるべきかという意義を詳述することはない。前述のように、山田の「祝詞宣命」においては、〝天壌無窮〟と〝中今〟との同一性を執拗に強調していた。これにより、山田は〝中今〟と〝天壌無窮〟と〝永遠の今〟とを結びつけていたことが了解される。

ここで、『続日本紀』宣命に記された中今という言葉が以下の四点のみだということを確認しておきたい。繰り返しになるが、中今の初見は文武天皇元（六九七）年八月十七日の文武天皇即位の宣命「高天原尓事始而遠　天皇祖御世御世中今至麻弖尓。天皇御子之阿礼坐牟弥継継尓大八島国将知次止。天都神乃御子随母、天坐神之依之奉之随。聞看来此天津日嗣高御座之業止。……」。[43] 二点目は慶雲四（七〇七）年七月十六日の元明天皇の和銅改元の宣命「中今尓至麻弖尓」[44]。三点目は神亀元（七二四）年二月四日の元正天皇御位を譲りたまうときの宣命「中今尓至麻弖」[45]。四点目は天平二十一（七四九）年四月一日の陸奥の国に黄金が出たときの宣命「中今尓至麻弖尓」[46]である。これらは皆、即位や改元、あるいは、黄金発見という慶事を言祝ぐ宣命である。多少の送り仮名の違いなどはあるものの、その意味は高天原の始めより（から）、遠き世々を経て、この只中の今に至るまでに……。と、いうように、古から今に至る安寧な皇統の永続を祝福し感謝し、それを未来につなげていく自覚を表現したのが宣命である。中今の中は今を強調する連体修飾語であるため、その解釈の度合いによって印象が変わることもある。どこまでの表現が許容範囲であるのかは、個々人のこころの持ち様や、時の空気感によって、異なった印象を与えることもある。

山田の言説や『国体の本義』の解釈に基づく中今は、『続日本紀』宣命に記された中今に永遠の今という意味を加えたものである。つまり、過去から今に至る時間の流れのなかで、皇統の永続の祝福や感謝を示した中今という時間は、今を中心としながら、過去から未来に亘る永遠の今なる価値を付与され、皇統の永続を正統化する言葉へと変容していったのである。

ただし、原典に立ち戻り、『続日本紀』文武天皇即位の宣命によれば、ここで示される時の流れは、高天原のはじめから、遠き世々を経て、真っ只中の今に至っている。つまり、この宣命の時間構造は始という始原の一点と、遠を合わせて古の過去と捉えて、その古の過去と今現在の二項構造を示している。あるいは、始↓遠↓今という三項構造と見ることもできる。いずれにせよ、この宣命には、今以後の未来には触れられていない。これは前述の通り、無窮と永遠には違いがあるからである。

過去・現在・未来を超越し無数に存在する永遠の今は、古から今に至る皇統が帰結する一瞬の今を無数の今のなかに埋没させる。古からの時の流れが今に帰結し、皇統の永続を言祝ぐ宣命と親和性があるのは無窮である。無窮は現在主義において、過去から現在に至る事実を主眼とするため、未来は事実ではなく信念となる。しかし、永遠は過去・現在・未来という時間を超越する。それゆえ、この即位の宣命と親和性があるのは永遠ではなく、無窮ということになる。したがって、記述学的文献実証において、中今は今であり、永遠ではない。にもかかわらず、山田の言説は中今を将来という未来に広げ、永遠の今と天壌無窮とを同化させながら、それらを皇統の永続に直に結びつける。ここが問題なのである。

しかし、宣命は慶事の祝福である。古から今に至る事実のなかに、未来へ向けて安寧な御世の永続を宣言する信念や希望が含意されることは不思議なことではない。そうであるならば、中今のなかに永遠の今を見た山田の言説を〝今更〟ながらの〝亡霊〟の復活と指弾するのは行き過ぎであるように思う。それは表現としての〝今〟のなかに〝今以後〟も含意され、その〝今以後〟とは〝未来〟だといえるからである。

記述学の姿勢から見れば、山田の中今論は『続日本紀』宣命の中今から逸脱し、中今の意味を膨張させた。その一方で山田はこうした記述学的姿勢に止まることなく、古典の解釈から一歩踏み出して、皇統の永続を祝福し、皇統を護持すべく国体の精神の陶冶を言説として記述していった。こうした山田の規範学的活動を思想潮流の一環として尊重するのも記述学の重要な役割である。

時の解釈は多様であるべきで、これには寛容が求められる。余談であるが、中今の意味が今である限り、中によって修飾表現される今の許容範囲は広くなる。存在する一瞬の今は細かく分節される不連続の連続である。その連続を永遠と見るならば、その今は永遠になり得る。こうした見識はアウグスティヌスの〝永遠の今〟に止まらず、四次元主義や量子力学との親和性が高い。思想としての四次元主義や量子力学をはじめとする理論物理学の業績を、得体のしれない〝亡霊〟と指弾するのも、もはや空しいだけである。

ただし、西田長男の検証や言説はとても簡潔で分かり易く、この時代に向けられた警鐘は今も傾聴に値する。本論において、西田長男や山田孝雄の人と業績に紙幅を割いて詳述することもできず、山田やその周辺に直に接した西田長男の想いを斟酌することも憚られた。このため、重ねて、〝中今批判〟を確認する必要がある。山田は『大日本国体概論』のなかで、以下のように述べている。

中今とは何ぞ。現実の世界をば観じて「中」にありとなす。「中」とは何ぞ。之を歴史的に見れば悠久の過去と永遠の未来とを連絡せる中心点なり。之を道徳的に見れば、人生を発展の中途にありとし、過去を顧みて徒に悲まず、将来を夢みて漫に放浪せざる穏健なる思想を含む。中今と観ずるが故に進歩に努力す。中今と観ずるが故に満足せず。中今と観ずるが故に失望せず。中今と観ずるが故に志気旺盛にして活動これによりて生ず。中今の人生観は進歩的なり。現世的なり。実際的なり。改善的なり。努力的なり。向上主義なり。発展主義なり。小成に安んぜざるなり。理想を将来にかくるなり。万世一系の皇運も亦必然的に之より演繹し来るべきなり。現実の世界はいつも過去と未来との連鎖にして発展の過程に立てりと観ずるやこれ実に永遠無窮に進歩を希ふことにあらずや。(47)

山田孝雄の中今の思想について縷々述べてきた。山田は規範学的姿勢をもって日本精神のあるべき姿を模索し、皇統を護持する国体精神の陶冶を試みるなかで、天壌無窮や万世一系をも凌駕する中今思想の構築に行き着いた。しかし、山田の説く中今が意味するものは、中今の初出となる典拠『続日本紀』宣命に記された中今が意味する〝今〟を逸脱し、膨張して〝永遠の今〟に変容していった。基本的に、宣命に記された中今とは、過去からの流れがこの一瞬の今に帰結するという今の強調であり、端的にいえば、ただの今、あるいは、真っ只中の今に至るまでという意味である。中は今を強調する修飾語、つまり、中は今という体言である名詞を修飾する連体修飾語である。

繰り返しになるが、中今の初見は文武天皇元(六九七)年八月十七日の文武天皇御即位の宣命に記された「高天原尓事始而遠　天皇祖御世御世中今至麻弖尓。天皇御子之阿礼坐牟弥継継尓大八島国将知次止。天都神乃御子随母、天坐神之依之奉之随。聞看来此天津日嗣高御座之業止。……」(48)。その意味するところは高天原の始めより(から)、遠き世々を経て、この只中の今の世に至るまでに……、と、いうように、安寧な皇位継承の感謝や予祝である。

ここで示される時間の経過は、高天原の始めから、遠き世々を経て、真っ只中の今に至るまで。つまり、この宣命の時間構造は始↓遠↓今という三項であり、あるいは、始という始原の一点と遠とを合わせて、それを古の過去として、その古の過去が今現在に帰結する二項構造なのだと推論できる。ただし、この今のなかには、安寧な世々の永続に向けられた今以後の未来への予祝や決意も含まれる。これは中今が今であることを飛び越えて永遠になるという解釈とはまったく関係のない話である。中今が永遠を意味しなくても、即位の宣命には、古から今に至るまで無窮に継承されてきた皇統を、歴代天皇に感謝し祝福することに加え、天皇が今以後の国と民の安寧と弥栄を祈る姿勢は、当為の流れとして未来につながっているからである。

西田長男の検証における疑問

中今の解釈をめぐる時間構造の区分と〝中〟の解釈について、西田長男は、「この『中今』についてであるが、常識的に考えても、『始』(『波自米』。あるいは『遠』)と『中』と『今』との三時代区分の『中』と『今』とであることは明らかではなかろうか[49]」と、疑問を呈し、中今を「古代・中世・近世(もしくは近代)といったありふれた三時代区分を述べたもの[50]」と、する。これにより、中今という言葉が、「『中今』だけを取り上げて、『始』(『波自米』。あるいは『遠』)を無視し、『今』が『中』、すなわち『盛りなる真中の世』であるとか、『永遠の今』であるとかと解するのは、甚しい謬りではなかろうか[51]」と、いうのである。私も宣命に記された中今が永遠の今ではないということを縷々述べてきた。ただし、私は中今の中が今を強調する連体修飾語であることも繰り返してきた。したがって、中今の中を〝中世〟という今以前の時代区分とする西田長男の中今解釈に疑問が残る。

ここで注目したいのは、歴史記述を客観的に捌くと思しき西田長男であっても、自らの規範をもって中今の記述を検証することである。これが西田長男の見解であるならば、それはそれとして、一つの見識と了解したい。実証を重んじる西田長男であってこそ、戦前の価値基準に対する凄まじいばかりの嫌悪を滲ませていたのだと思う。ただし、嫌悪感とは主観である。主観といえば、常識という言葉もそうであろう。西田長男は「常識的に考えても」中今とは三時代区分の「中」と「今」だという。なぜ、西田長男は中今の中が中世であることを常識と断言し得たのだろうか。このような自らの常識のみを正当とする検証は、西田長男が提唱する記述学的歴史実証とは程遠い傲慢な姿勢のように思える。

『続日本紀』の文武天皇即位の宣命「高天原尓事始而遠　天皇祖御世御世中今至麻弖尓。天皇御子之阿礼坐牟弥継継尓大八島国将知次止。天都神乃御子随母、天坐神之依之奉之随。聞看来此天津日嗣高御座之業止。……」[52]は、古の過去からつながる天壌無窮の皇統が今に至るまで存続しているという事実の祝福であり、古の過去から今現在に至るという皇統が継続してきた事実に注目すべきである。ここでの時間構造は〝今以前〟と〝今〟の二項構造、あるいは、〝今〟を境界として、〝今以前〟と〝今〟を含めた〝今以後〟に分割する二項区分以外に、〝……高天原でことがはじまって（から）、遠い祖先の天皇の世々（を経て）、（真っ只中の）今に至るまでに……〟とする三項区分が考えられる。つまり、それは〝高天原の始めから→神武天皇以降の遠い昔の天皇の御世を経て→真っ只中の今に至るまで〟の「始」→「遠」→「今」という相対的な三項区分である。したがって、中今の「中」は「中世」などの時代区分（歴史区分）ではなく、今を盛りや中心、あるいは、今そのものとして今を強調する修飾語であることがわかる。ここで、今と対峙しているのは〝高天原の始め〟や〝世々皇統を継承してきた遠祖の時代〟という過去である。したがって、始源の「始」と、遠き御世の「遠」は、古の過去という一つの塊として理解することもできる。それゆえに、この宣命は古の過去と今現在を相対させた二項の時間構造ということになる。

以上を踏まえたうえで、西田長男が中今を中と今に分離して、その〝中〟を「古代・中世・近世（もしくは近代）といったありふれた三時代区分を述べたもの」とする解釈は、果たして常識といえるのか疑問である。ましてや、それが『続日本紀』宣命の解釈に通用するのか疑問である。三時代区分という分類は否定しないが、時代区分自体は五時代も六時代もある。今でいうなら原始（先史）、古代、中世、近世、近代、現代となる。かつての歴史の時代区分を振り返る歴史講義のごとく、宣命のなかで中今を中世と分類することのどこに意味があるのかは判然としない。そもそも、中今初出の出典が即位の宣命であるため、その宣命の趣旨は皇位の起源の尊重。その治世の表彰、その永続の予祝であって、かつての歴史の時代区分を振り返り、中今の中を中世とすることではない。中世を特化したところで宣命の趣旨との整合性を図ることなどできない。

西田長男は、なぜ中と今を並立させ、別時代に区分する必要があったのだろうか。「高天原尓事始而遠　天皇祖御世御世中今至麻弖尓」とする宣命の記述を見る限り、時が至っているのは今である。ここで示される情報は〝古の高天原の始め〟あるいは〝皇祖が高天原より天降りました始め〟より（から）、〝神武天皇以降の遠い昔の歴代天皇の御世〟を経て、皇統が永続し、中今に至るというのである。つまり、宣命のなかで今を強調した中今という言葉は、古の過去から継承している皇統が今に帰結しているという今の自覚と、永続する皇統の強調ともいえる。「中」は今にかかる修飾語であり、至るという動詞の目的語は「今」のみである。

ただし、ここで示される時間の流れは、ある一時点からある一時点に至るまでに、という端から端までの関係のみではなく、皇統の淵源となる神々の化生や、高天原の神々の事蹟、歴代天皇の皇位継承という今以前の古の過去から、今に至るという前後の関係を示している。この宣命は古から今に至る皇統の永続に感慨を深くしている。しかも、至った先は今が帰結する最終時点のゴールポイントのようなものである。そこに未来が含意され、予祝や希望を込めているならまだしも、どうして、至った先のゴールポイントが中と今という二つの時点に及ぶのか。さらに、至った先の一つがどうして中世でなければならないのか、その意味は判然としない。

あるいは、こうした特定の一時点と特定の一時点との間に中間点を加えて、三点とするならば、〝その中間の一時点を経て〟と考えることもできるが、この場合、その経由すべき中間点は〝至る〟のではなく〝経る〟である。この宣命において経るのは「中」ではなく、「遠」である。「遠天皇祖御世御世」がそれに当る。

西田長男は『令集解』巻七神戸の条を「古記」に基づいて説いた記述「古記云。問。神戸調庸及田租。幷充造神宮及供神調度也。若有乗者何。答。昔治置神祇官。中間給神主等。今治置神祇官。臨時准量所用多少。給充荷已訖[53]」を拠として、「宣命の『始・中・今』もしくは『遠・中・今』と同様の『昔・中間・今』という三時代区分の考えが明らかに存していたことを知られるのである[54]」と、いう。

さらに、西田長男は「『昔治置神祇官』の『昔』は近江令施行中のころを、『中間給神主等』の『中間』は浄御原令施行中のころを、また、『今治置神祇官。……』の『今』は大宝令施行中のころをを《ママ》さすものといってよかろう」[55]と、指摘する。これにより、「昔治置神祇官」の『昔』は、宣命にうかがわれる、神代の古えをさしていう。『始』・『遠』などと比べるときは、さして古い時代であるとは思われないが、いずれにしても『昔・中間・今』の三時代区分の考えに基づいたものであることは毫も疑い得ないのである」[56]と、三時代区分の考えを強調する。

中を「中世」ではなく、相対的な「中間」とした点には共感できるが、西田長男の見解は中今の中と今を並立させて分離し、それを三時代区分のなかに当てはめることが前提となり、そこから離れることはない。これにより、西田長男は始・遠・中・今という四つの時代区分を提示することになるが、それらを「『始・中・今』もしくは『遠・中・今』」と三時代区分に整理する。ただし、中今の中と今を統合して〝始・遠・今〟とする三項区分を明示することはない。

ここで、試みに、宣命の〝遠〟を〝中間〟と考えてみる。すると〝始・遠・今〟という時間構造が昔・中間・今という時代区分の構造と類似していることが見えてくる。つまり、西田長男が指摘した「昔・中間・今」こそが、文武天皇即位の宣命の〝始・遠・今〟という時間構造を表していることになる。したがって、西田長男のいう中は中間であり、中世などを示す歴史区分とする指摘と矛盾する。

西田長男は「『中今』に、『今』が『中』であり、『永遠の今』であるといった意味が、ぜんぜん、存していないことはもとよりであろう」[57]と、いう。諄いようであるが、宣命の中今は永遠の今ではなく、強調された今を意味する。ただし、西田長男は中今の中が今を強調する連体修飾語とは主張しない。ここで注意すべきは、宣命に記された中今の〝中〟の意味である。つまり、体言の〝今〟を強調する連体修飾語の〝中〟が意味する表現の程度である。今を強調する中は解釈によって意味する幅も広く、〝ただの今〟から、〝真っ只中の今〟〝真っ最中の今〟〝中心の今〟〝盛りの今〟の今に至るまで、多岐に及ぶ、しかし、その意味はあくまで今であり、今以上でも今以下でもない今であることが根幹になる。

そもそも〝中今＝永遠の今〟などという意味は文武天皇即位の宣命「高天原尓事始而遠天皇祖御世御世中今至麻弖尓」からは見出せない。したがって、西田長男が難ずる中今＝永遠の今という批判には共感できる。しかし、〝中今〟の〝中〟を〝昔〟と〝今〟の〝中間〟に位置する三時代区分の〝中世（中間）〟とする西田長男の中今解釈には共感できない。つまり、『続日本紀』宣命に依拠する中今の中は、今という体言の名詞を強調した連体修飾語である。したがって、中今が意味するところは今が強調された〝真っ只中の今〟あるいは〝真っ最中の今〟ということになる。

西田長男は「『中今』の語釈をめぐって」において、紙幅を割き、山田孝雄の中今解釈を検証した。西田長男の批判がなければ、山田の言説の検証は遅々として進まなかったであろう。西田長男が指摘したように、『続日本紀』宣命に記された〝中今〟からは〝永遠の今〟という意味を見出すことはできない。そして、西田長男が示す中今解釈の背後事情には、国家による国民の思想統一のための言論統制や弾圧に対する嫌悪が深く滲み出ている。正義が独善に陥ると泥沼はさらに拡大していく。平和とは幻想というに等しく脆弱である。ゆえに、瓦解するのが早い。西田長男は今に至るまで、低くくぐもった声で、茹でガエルのように平和ボケした我々に警鐘を鳴らし続けてくれていたのである。

しかし、今の解釈は多種多様広範に至っている。時の流れは時の今を語る山田の言説にも光を照らすだろう。永遠の今は哲学や物理学の領域にある量子力学や四次元主義と親和性が認められるからである。むしろ古の先学や哲人たち、あるいは、それを読み解いてきた先人たちは、こうなることを見越していたのかも知れない。

古代中国、あるいは、東洋思想全般において、気は物質を構成する最小単位の要素とされ、陰陽は静動という気の活動による現象と認識されてきた。こうした陰陽の交錯という現象によって、万物は生成に至るとされた。これにより、気のつながりは漢籍の恵みを通して、日本においても重視されてきた。

古来、日本においては血のつながりによる親子の関係性を尊重してきた。ただし、最初の官撰国史といわれる『日本書紀』においては、その冒頭から、陰陽による気のつながりを語っていく。これにより、『日本書紀』を読むに際して、読み手が陰陽未分の渾沌に含まれる一気にまで自身を遡及して捉えてみると、気を通して万物がつながっているという考え方に近づいていく。その背後には生の連帯に対する自覚が芽生えているはずである。

高分子化合物である人間の構成要素を細分化してみると、分子を構成する原子、原子を構成する電子と原子核、原子核を構成する陽子と中性子、陽子と中性子を構成するアップクォークとダウンクォーク、つまり、その果てにあるクォークや電子など十七種類の素粒子に至る。超弦（超ひも）理論によれば、素粒子は粒ではなく〝ひも〟だという。つまり、十七種類の素粒子は一種類のひもの振動の仕方によって決まってくるというのだ。そこには直線的なひももあれば、非線的に端と端が閉じた円環的なひももある。まさに、世界はひもによる現象によってつながっているというのである。(58) ところで、その振動の仕方は何に起因するのだろうか。それこそが道・道理・理などと短絡してしまうと、話は振り出しに戻る。個々の矛盾は永遠に止まることはない。

現代における今と中今

壊滅的な自然災害に原発事故、感染症の世界的な大流行、核で威嚇する国際政治の暴力、言論を封殺するテロリズム、未曽有の災禍が止め処なく続く。しかし、これが受け入れざるを得ない今の現実である。日々の不条理に打ち拉がれて、立ち尽くしても、時は移ろい、新しい命は生まれ、日々日常の楽しみや、お祝い事の喜びも次から次にやってくる。令和の世にも、花は咲き初め、彩を添え、鳥は囀り、季節を運び、風はそよいで、霞を晴らし、月は満ち欠け、夜陰を照らす。刻一刻と移ろう今は美しく、今一瞬を映し出す。

医師・医学者の矢作直樹は『今という一瞬に、一生の幸せがある』のなかで、以下のように述べている。

過ぎ去った過去や、来てもいない明日の心配などしても仕方がありません。そんなことを考えずに、今というこの瞬間に心を持っていればいいのです。とにかく今この瞬間を、無心に生きること。今にだけ目を向けること。そんな心持ちを習慣づければ、それだけで心の病から抜け出すことができるのだと思います。心の病を生み出しているもの。それは社会や環境も含めて、自分自身の心であることを忘れてはいけません。(59)

我々は些細な不安の種を膨らませ、それを過去にも未来にも際限なく広げて、過去を苛み、未来に怯えがちである。しかし、三次元空間に存在する時間は一瞬の今のみである。矢作は過去でも未来でもない〝今というこの瞬間に心を持っていればいい〟と、いう。〝心の病〟を生み出すものは、〝自分自身の心〟なのだということを忘れずに、今を生きるという〝心持ち〟を強調してくる。そして、その心持ちが〝中今〟なのだという。

矢作は中今について以下のように述べている。

『中今』の心持ちになると、生きていること、食べられること、布団の中で眠れること、暑さや寒さを感じられること……、その幸せに気づけるのです。究極的に言えば、どのような状況でも、私たちは幸せを感じることができるのです。一日の中に、ふと幸せだと感じる瞬間はいくつもあります。その幸せな瞬間に気づくことです。『今日はいい天気だな』『風が心地いいな』『きれいな花が咲いているな』『今日もご飯がおいしい』……そんな小さな気づきの中に、探していた幸せはあるのです。[60]

古から今に至るまで、我々がいのちを継いで生きてきたのは事実である。こうした当たり前のことが当たり前でなくなったとき、人は当たり前であったことを有り難かったのだと気づく。それでもまだ幸せの欠片はそこかしこに飛び交っている。ただ、なかなかそれに気づくことができない。何が幸せと感じるのかは、人の心持で変わってくるからである。気分を変えてみれば、案外身近にある幸せを、掴み取ることもできるだろう。矢作のいう〝『中今』の心持ち〟とは、今の自覚である。一瞬の今に自分が存在しているという自覚である。これは、今そこにある幸せを検出する気づきのセンサーになるのかも知れない。

吾峠呼世晴《ごとうげこよはる》の『鬼滅《きめつ》の刃《やいば》』は、平成二十八（二〇一六）年から令和二（二〇二〇）年まで『少年ジャンプ』に連載された漫画であり、テレビ・劇場用アニメも世界中で記録的大ヒットとなり、その映像化が未だに続く作品である。物語は家族を鬼に殺された主人公の竈門炭治郎《かまどたんじろう》が、鬼にされた妹の禰豆《ねず》子《こ》を人間に戻すため、仇であり、鬼の始祖とされる鬼舞辻無惨《きぶつじむざん》と戦う大正時代の和風剣戟奇譚である。炭治郎は夢のなかで妹の禰豆子に「大切なのは〝今〟なんだよ前を向こう　一緒に頑張ろうよ戦おう」[61]と、一瞬の今を極めることを説かれ、励まされる。この『鬼滅の刃』には、一瞬の今を大切にするという場面が幾度となく描かれている。

物語の終盤、炭治郎は「今自分に　できることを　精一杯やる」[62]と、自らを受け入れ、自らを鼓舞し、鬼舞辻無惨との戦いに挑んで行く。しかし、鬼舞辻無惨は不死身であり、陽光を浴びることのみが弱点とされている。絶対的に形勢不利であった炭治郎たちができることは、少しでも戦いを長引かせ、夜明けを待ち、鬼舞辻無惨に陽光を浴びせかけることであった。このときの炭治郎の独白「集中しろ　今この瞬間の　一秒以外　考えるな……一秒だ　一秒を繋げ　夜明けまでの　一秒を繰り返せ」[63]は、日の出という帰結点を有しながら、今という一瞬に集中し、不連続が連続する時間のイメージを表している。

　ついに、陽光を浴びた鬼舞辻無惨は死を目前とする。しかし、炭治郎は鬼舞辻無惨の体内に取り込まれてしまう。そして、鬼舞辻無惨は、鬼化しかけた炭治郎に自らの想いを託そうと、以下のように語りかけてくる。

> ……一個体に　できることは　限界があった……生き物は　例外なく　死ぬ　想いこそが　永遠であり　不滅……肉体は　死ねば　終わり　だが　どうだ　想いは受け継がれ　決して滅ばず　この私すらも　打ち負かしたのだ……私の肉体は　間もなく　滅びるだろう　陽の光によって　だが　私の想いも　また不滅なのだ　永遠なのだ……[64]

死ぬはずのなかった鬼舞辻無惨は、陽光を浴びたことによる自らの死、つまり、一個体の永遠の限界を前にして、それをあるがままに受け入れるのではなく、自らの想いの継承による永遠の不滅に思い至る。そして、自らの細胞を炭次郎に与え、炭次郎を鬼化させて、鬼舞辻無惨の想いを炭次郎に託そうとするのである。時間の永遠、生命の永遠、大域的意識の継続、こうした夢のある耳に心地よい言葉も、一瞬の今をあるがまま受け入れることができない心持ちにおいては、ただただ空しい言葉になる。今現在までの帰結を言祝ぐ無窮と時間を超越してしまう永遠の違いはここにある。

平成二十（二〇〇八）年八月七日、東京都中野区の宝仙寺で、漫画家赤塚不二夫の葬儀・告別式が営まれた。このとき述べられたタモリこと森田一義の弔辞は、森田が自らを「私もあなたの数多くの作品のひとつです」と述べたことや、勧進帳を模して、森田が持つ弔辞の巻紙も白紙であったことなどが話題となった。なにより、その弔辞は赤塚に対する感謝と愛情に溢れた名文とされている。そして、この森田の名文のなかには、赤塚の名言も含まれていた。

……あなたの考えは、すべての出来事、存在をあるがままに前向きに肯定し、受け入れることです。それによって人間は、重苦しい意味の世界から解放され、軽やかになり、また時間は前後関係を絶ちはなたれて、その時その場が異様に明るく感じられます。この考えをあなたは見事にひとことで言い表してます。すなわち、「これでいいのだ」と。……(65)

〝これでいいのだ〟とは、赤塚不二夫作品「天才バカボン」の主人公〝バカボンのパパ〟の口癖とされる。この言葉は弔辞にあるように〝あるがまま〟を〝受け入れる〟ことであり、〝重苦しい意味〟

も、時間の〝前後関係〟も断ち切って、〝その時その場〟を、つまり、一瞬の今を軽やかに陽気に生きることにつながっていく。バカボンという名は仏教の覚者とされる薄伽梵《バガボン》によるという。この名は仏陀を意味することから、〝あるがまま〟を〝受け入れる〟〝これでいいのだ〟もまた、仏教的悟りの境地を思わせる。

ちなみに、神道にも〝惟神《かんながら》〟という言葉がある。『日本書紀』孝徳天皇紀の大化三（六四七）年四月壬午の詔には「惟神者。謂随神道。亦謂自有神道也(66)」と、記されている。これは〝惟神は。神道に随ふを謂ふ。また自づから神道有るを謂ふなり〟と読む。この言葉の解釈に定説はない。おそらく、〝惟神《かんながら》〟とは神々に由来する自然の有り様に随っていく素直な心持ちを示すものだと考えられる。

中今は今、戦後派の恩讐を超えて、今を自覚し、今を大切に、今を精一杯生きるという意味をもって、親しまれている。三次元空間に生きる我々にとって、時間として存在するのは一瞬の今のみである。過去は未来を含む今現在に帰結する。そんな未来もやがて過去となり、古の渾沌に帰っていく。我々は二度とめぐってこない掛け替えのない今を楽しむよりほかにない。

最後に未生已生の国常立尊と中今について触れておきたい。未生の国常立尊とは、古の渾沌に含まれた牙《きざし》でもあり、国常立尊が化生する以前の未活動の気を含む渾沌を意味する。これらの気が活動をはじめ、陰陽の現象として交錯していくなかで、陽（乾道）の気のみをもって化生したのが国常立尊など三柱の神々である。この国常立尊化生の瞬間を境界として、それ以前を未生、それ以降を已生という。

未生已生の未生とは未だ生まれざるものであり、已生とは已に（既に）生まれているものである。これにより、未生と已生を単純に比較してみると、未生は未来で、已生は過去となる。このため、時間の前後関係は已生が前で、未生が後になる。しかし、未生已生論における未生と已生の時間の前後関係は、同じ時系列の直線上で語られるため。未生が前で、已生が後となる。たとえば、国常立尊の化生の瞬間を境界として、化生以前が未生の国常立尊であり、化生以後が已生の国常立尊となる。これにより、古の渾沌と未生の国常立尊とは親和性が高いということになる。

過去と未来の関係は『日本書紀』冒頭においても、「古天地未剖。陰陽不分。渾沌如鶏子。溟涬而含牙[67]」と、記されている。古の天地も陰陽も未だ分かれていなかったとき、渾沌とした状態は、鶏の卵のようであり、そのもやもやとした渾沌のなかに牙《きざし》が含まれていたという。「古」とは過去であり、「未」とは未来である。ただし、ここには、天地や陰陽が分化する未来の出来事がいつであるかは記されていない。基準となる今という瞬間がどこであるかも定まっていないため、「古」と「未」の間にある「今」という概念が強調されることもない。古の渾沌において、未来の出来事であるはずの天地陰陽の分化は、今現在、既に古の過去に含まれている。つまり、『日本書紀』冒頭の文章は未来完了の状態が永遠に継続していることになる。

『日本書紀』では、こうした冒頭部を引き継いで、天地開闢と国常立尊の化生を、「開闢之初。洲壌浮漂。譬猶游魚之浮水上也。于時天地之中生一物。状如葦牙。便化為神。号国常立尊。……次国狭槌尊。次豊斟渟尊。凡三神矣。乾道独化。所以。成此純男[68]」と、記している。天地開闢のはじめ、国土が浮き漂っている様は、泳ぐ魚が水の上に浮いているようだった。そんなとき、天と地のなかに一物が生った。その形状は生成力漲る葦牙《あしかび》（葦の芽）のようであり、その葦牙のごとき一物が国常立尊である。国常立尊に続いて国狭槌尊と豊斟渟尊が化生する。これら三柱の神々は陽の気のみにより独りで生りました純粋な男神とされている。古の渾沌を含めて、ここに記された国常立尊の化生を境界として、国常立尊の化生以前が未生の国常立尊であり、国常立尊の化生以後が已生の国常立尊である。国常立尊の化生した一瞬は未生と已生を分かつ境界であり、その境界を一瞬の今として見なすことができるなら、その一瞬の今は過去と未来を分かつ境界になる。未来の予見は今に帰結し、瞬く間に古の過去に連なっていく。その一方で、過去から移ろう時の流れは今に帰結し、未来を予祝する。過去と未来が交錯する今を強調する言葉が「中今」である。ちなみに、中今の中とは体言である今を強調する連体修飾語である。

『続日本紀』に残された文武天皇即位の宣命には、「高天原尓事始而遠　天皇祖御世御世中今至麻弖尓。天皇御子之阿礼坐牟弥継継尓大八島国将知次止。天都神乃御子随母、天坐神之依之奉之随。聞看来此天津日嗣高御座之業止。……」[69]と、記されている。この宣命で謳われているのは皇統を継承してきた過去の歴代天皇に対する祝福や称賛や感謝であり、その皇統が今に至るまで存在しているという今の自覚である。つまり、『続日本紀』宣命に記された「中今」とは、過去からの流れを一瞬の今に帰結させ、未来を含意する今という現実を強調する言葉なのである。

註

(1) 岸本英夫著『宗教学』一九六一年、大明堂、五～九頁。
(2) 徳橋達典『吉川神道思想の研究――吉川惟足の神代巻解釈をめぐって』ぺりかん社、二〇一三、二五九頁。上田賢治『神道神学――組織神学への序章――』大明堂、一九八六年、参考。上田賢治『神道神学論考』原書房、二〇〇四年、参考。
(3) 大野晋・大久保正編集校訂「続紀歴朝詔詞解」『本居宣長全集　第七巻』筑摩書房、一九七一年、一九八頁。
(4) 折口信夫「神道に現れた民族論理」『古代研究』(民俗学篇2)・『折口信夫全集　第三巻』中央公論社、一九六六年、一六三頁。
(5) 西田幾多郎「学問的方法」『教学叢書　第二輯』教学局、一九三七年、三四六頁。
(6) 西田幾多郎『日本文化の問題』岩波書店、一九四〇年、七四頁。
(7) 片山杜秀『近代日本の右翼思想』講談社、二〇〇七年、一六七頁。
(8) 同右、『近代日本の右翼思想』一四五頁。
(9) 同右、『近代日本の右翼思想』一四六頁。
(10) 同右、『近代日本の右翼思想』一六八頁。
(11) 同右、『近代日本の右翼思想』一六八頁。
(12) 山田孝雄「肇国の精神」『日本文化　第五二冊』日本文化協会、一九四〇年、五四～五五頁。
(13) 同右、「肇国の精神」『日本文化　第五二冊』五五頁。
(14) 同右、「肇国の精神」『日本文化　第五二冊』五五頁。
(15) 同右、「肇国の精神」『日本文化　第五二冊』五五頁。
(16) 前掲の『近代日本の右翼思想』一七三頁。
(17) 同右、『近代日本の右翼思想』一七六頁。
(18) 山田孝雄「祝詞宣命」『日本思想叢書　第四編』文部省社会教育局編、一九三二年、一二八頁。

(19) 同右、「祝詞宣命」『日本思想叢書　第四編』一二八頁。
(20) 同右、「祝詞宣命」『日本思想叢書　第四編』一二八頁。
(21) 同右、「祝詞宣命」『日本思想叢書　第四編』一二八頁。
(22) 同右、「祝詞宣命」『日本思想叢書　第四編』一二八、一二九頁。
(23) 同右、「祝詞宣命」『日本思想叢書　第四編』一二九頁。
(24) 同右、「祝詞宣命」『日本思想叢書　第四編』一二九頁。
(25) 同右、「祝詞宣命」『日本思想叢書　第四編』一二九頁。
(26) 同右、「祝詞宣命」『日本思想叢書　第四編』一二九頁。
(27) 同右、「祝詞宣命」『日本思想叢書　第四編』一二九、一三〇頁。
(28) 同右、「祝詞宣命」『日本思想叢書　第四編』一三〇頁。
(29) 同右、「祝詞宣命」『日本思想叢書　第四編』一三〇頁。
(30) 同右、「祝詞宣命」『日本思想叢書　第四編』一三〇頁。
(31) 同右、「祝詞宣命」『日本思想叢書　第四編』一三〇頁。
(32) 同右、「祝詞宣命」『日本思想叢書　第四編』一三〇、一三一頁。
(33) 同右、「祝詞宣命」『日本思想叢書　第四編』一三一頁。
(34) 西田長男「『中今』の語釈をめぐって」『季刊　日本思想史　第五号』ぺりかん社・一九七七年、七頁。
(35) 前掲の「続紀歴朝詔詞解」『本居宣長全集　第七巻』一九八頁。
(36) 前掲の「『中今』の語釈をめぐって」『季刊　日本思想史　第五号』三頁。國學院は西田長男の出身大学である。戦後、西田長男は教授として國學院の教壇に立っている。「神道は中今である」とする学生の発言は、西田長男が「『中今』の解釈をめぐって」を執筆した昭和五十二（一九七七）年までになされたものと考えられる。
(37) 同右、「『中今』の語釈をめぐって」『季刊　日本思想史　第五号』三頁。
(38) 同右、「『中今』の語釈をめぐって」『季刊　日本思想史　第五号』四頁。

(39)同右、「『中今』の語釈をめぐって」『季刊　日本思想史　第五号』三頁。
(40)同右、「『中今』の語釈をめぐって」『季刊　日本思想史　第五号』四頁。
(41)同右、「『中今』の語釈をめぐって」『季刊　日本思想史　第五号』四頁。
(42)文部省編『国体の本義』文部省、一九三七年、一六、一七頁。
(43)黒板勝美編輯『新訂増補　国史大系　続日本紀　前篇』吉川弘文館、一九八一年、一頁。
(44)同右、『新訂増補　国史大系　続日本紀　前篇』三三頁。
(45)同右、『新訂増補　国史大系　続日本紀　前篇』九九頁。
(46)同右、『新訂増補　国史大系　続日本紀　前篇』一九八頁。
(47)前掲の「『中今』の語釈をめぐって」『季刊　日本思想史　第五号』七頁。
(48)前掲の『新訂増補　国史大系　続日本紀　前篇』一頁。
(49)前掲の「『中今』の語釈をめぐって」『季刊　日本思想史　第五号』九頁。
(50)同右、「『中今』の語釈をめぐって」『季刊　日本思想史　第五号』九頁。
(51)同右、「『中今』の語釈をめぐって」『季刊　日本思想史　第五号』九頁。
(52)前掲の『新訂増補　国史大系　続日本紀　前篇』一頁。
(53)黒板勝美編輯『新訂増補　国史大系　令集解　第一』吉川弘文館、一九七四年、二〇五頁。西田長男は「荷」を「行」ではないかと推論している。
(54)前掲の「『中今』の語釈をめぐって」『季刊　日本思想史　第五号』九頁。
(55)同右、「『中今』の語釈をめぐって」『季刊　日本思想史　第五号』一一頁。
(56)同右、「『中今』の語釈をめぐって」『季刊　日本思想史　第五号』一一頁。
(57)同右、「『中今』の語釈をめぐって」『季刊　日本思想史　第五号』九頁。
(58)超弦理論によれば、この世界は九次元（諸説、諸解釈あり）からなっており、ひもとひもの間に働く力によって十次元に、さらに、時間を加えて十一次元の時空間になるという。こうした九＋一次元の時空を漂う三次元＋

一次元の平たい膜（ブレーン・braneでありbrainではない）の上に我々は拘束されているという。とはいうものの、直線の一次元。たてよこで平面の二次元。ここに高さを加えた立体の三次元。さらに時間を加えた四次元。ここまでは、数式を用いずしても、勝手に直感できようが、ここから先、五次元以上の極微な異次元世界は門外漢が想像するにも深遠に過ぎる。

(59) 矢作直樹『今という一瞬に、一生の幸せがある』廣済堂出版・二〇一九年、一九頁。
(60) 同右、『今という一瞬に、一生の幸せがある』一二九、一三〇頁。
(61) 吾峠呼世晴『鬼滅の刃　一一巻』集英社、二〇一八年、第九二話。
(62) 吾峠呼世晴『鬼滅の刃　二二巻』第一九二話。
(63) 吾峠呼世晴『鬼滅の刃　二二巻』第一九三話。
(64) 同右、『鬼滅の刃　二三巻』第二〇一話。
(65) 平成二十（二〇〇八）年八月七日、共同通信社配信記事、「漫画家赤塚不二夫さんの葬儀・告別式が7日、東京都中野区の宝仙寺で営まれ、タレントのタモリ（本名森田一義）さんが弔辞を述べた」（抜粋）。と、記されている。
(66) 黒板勝美編輯『新訂増補　国史大系　日本書紀　後編』吉川弘文館、一九五二年、二三九頁。
(67) 黒板勝美編輯『新訂増補　国史大系　日本書紀　前篇』吉川弘文館、一九六六年、一頁。
(68) 前掲の『新訂増補　国史大系　日本書紀　前篇』一頁。
(69) 前掲の『新訂増補　国史大系　続日本紀　前篇』一頁。

参考文献一覧

阿部吉雄・山本敏夫・市川安司・遠藤哲夫著『新釈漢文大系　第七巻　老子・荘子（上）』明治書院、一九六六年
黒板勝美編『新訂増補　国史大系　令集解　第一』吉川弘文館、一九七四年
黒板勝美編輯『新訂増補　国史大系　古事記　先代旧事本紀　神道五部書』吉川弘文館、一九六六年
黒板勝美編輯『新訂増補　国史大系　日本書紀　前篇』吉川弘文館、一九六六年
黒板勝美編輯『新訂増補　国史大系　日本書紀　後編』吉川弘文館、一九五二年
黒板勝美編『新訂増補　続日本紀　前篇』吉川弘文館、一九八一年
『神代巻伝書』（写本五冊　東北大学狩野文庫蔵）
坂本太郎、家永三郎、井上光貞、大野晋校注『日本古典文学大系　日本書紀　上』岩波書店、一九六七年
大隈和雄校注『日本思想大系19中世神道論』岩波書店、一九七七年
荒木見悟・井上忠校注『日本思想大系34貝原益軒　室鳩巣』岩波書店、一九七〇年
平重道・阿部秋生校注『日本思想大系39近世神道論・前期国学』岩波書店、一九七二年
史籍集覧研究会編『続史籍集覧　第二冊』すみや書房、一九七〇年
佐伯有義校訂『吉川神道』大日本文庫刊行会、一九三九年
西田長男校注『神道大系　論説篇八　卜部神道（上）』神道大系編纂会、一九八五年
平重道校注『神道大系　論説篇十　吉川神道』神道大系編纂会、一九八三年
近藤啓吾校注『神道大系　論説編十二　垂加神道（上）』神道大系編纂会、一九八四年
大野晋・大久保正編集校訂『本居宣長全集　第七巻』筑摩書房、一九七一年
安倍能成・天野貞祐・谷川徹三・金子武蔵・古川哲史・中村元編集『和辻哲郎全集　第十四巻』岩波書店、一九六二年
江口孝夫訳注『懐風藻』講談社、二〇〇〇年

高田真治、後藤基巳訳『易経　下』岩波文庫、一九六九年
中村元・紀野一義訳註『般若心経・金剛般若経』岩波文庫、一九六〇年
市古貞次校注『新訂　方丈記』岩波文庫、一九八九年
西尾実・安良岡康作校注『新訂　徒然草』岩波文庫、一九二八年
北畠親房著・岩佐正校注『神皇正統記』岩波文庫、一九七五年
上田閑照編集『西田幾多郎哲学論集Ⅲ　自覚について　他四篇』岩波文庫、一九八九年
日本聖書協会編『聖書』「旧約聖書」日本聖書協会、一九五五年改訳
日本聖書協会編『聖書』「新約聖書」日本聖書協会、一九五四年改訳
高楠順次郎編『大正新脩大蔵経〈第九巻（法華部・華厳部上）〉（普及版）』大正新脩大蔵経刊行会、一九八八年。また『SAT大正新脩大蔵経テキストデータベース二〇一八版』参照
諸橋轍次『大漢和辞典　巻三』大修館書店、一九五六年、大部・一畫・太の五二五頁

＊

安蘇谷正彦『神道の生死観　神道思想と「死」の問題』ぺりかん社、一九八九年
飯山晄朗『勝者のゴールデンメンタル　あらゆる仕事に効く『心を強くする』技法』大和書房、二〇一八年
上田賢治『神道神学――組織神学への序章――』大明堂、一九八六年
上田賢治『神道神学論考』原書房、二〇〇四年、参考
大栗博司『重力とは何か　アインシュタインから超弦理論へ、宇宙の謎に迫る』幻冬舎、二〇一二年
大澤真幸『量子の社会哲学　革命は過去が救うと猫が言う』講談社、二〇一〇年
数から科学を読む研究会『あっと驚く科学の数字　最新宇宙論から生命の不思議まで』講談社、二〇一五年
片山杜秀『近代日本の右翼思想』講談社、二〇〇七年
加藤周一『日本文学史序説　上』筑摩書房、一九七五年
加藤周一『日本文学史序説　下』筑摩書房、一九八〇年

鎌田茂雄『華厳の思想』講談社、一九八八年
河合隼雄『神話と日本人の心』岩波書店、二〇〇三年
河合隼雄『中空構造日本の深層』中央公論社、一九九九年
岸本英夫著『宗教学』大明堂、一九六一年
木村清孝『華厳経入門』角川書店、二〇一五年（木村清孝『華厳経をよむ』日本放送出版協会、一九九五年を解題して文庫化）
木村直之編『ニュートン　別冊　無とは何か「何もない」世界は存在するのか?』ニュートンプレス、二〇二〇年
小島憲之『上代日本文学と中国文学　出典論を中心とする比較文学的考察　上』塙書房、一九六二年
吾峠呼世晴『鬼滅の刃　一一巻』集英社、二〇一八年
吾峠呼世晴『鬼滅の刃　二二巻』集英社、二〇二〇年
吾峠呼世晴『鬼滅の刃　二三巻』集英社、二〇二〇年
斎藤茂吉『万葉秀歌　上』岩波書店、一九三八年
佐藤仁『中国の人と思想　第八巻　朱子』集英社、一九八五年
島田虔次『朱子学と陽明学』岩波書店、一九六七年
須藤靖『不自然な宇宙　宇宙はひとつだけなのか?』講談社、二〇一九年
薗田稔『神道』弘文堂、一九八八年
平重道『吉川神道の基礎的研究』吉川弘文館、一九六六年
高橋美由紀『伊勢神道の成立と展開（増補版）』ぺりかん社、二〇一〇年
高橋美由紀『神道思想史研究』ぺりかん社、二〇一三年
高水裕一『時間は逆戻りするのか　宇宙から量子まで、可能性のすべて』講談社、二〇二〇年
竹内薫『ペンローズのねじれた四次元〈増補新訂〉時空はいかにして生まれたのか』講談社、二〇一七年
千葉栄『吉川神道の研究』至文堂、一九三九年

徳橋達典『吉川神道思想の研究──吉川惟足の神代巻解釈をめぐって』ぺりかん社、二〇一三年
松浦壮『時間とはなんだろう　最新物理学で探る「時」の正体』講談社、二〇一七年
村岡典嗣『神道史　日本思想史研究Ⅰ』創文社、一九五六年
村岡典嗣『増訂　日本思想史研究』一九四〇年、岩波書店
西田幾多郎『日本文化の問題』岩波書店、一九四〇年
文部省編『国体の本義』文部省、一九三七年
矢作直樹『今という一瞬に、一生の幸せがある』廣済堂出版、二〇一九年
吉田伸夫『時間はどこから来て、なぜ流れるのか？　最新物理学が解く時空・宇宙・意識の「謎」』講談社、二〇二〇年
和田純夫『量子力学が語る世界像　重なり合う複数の過去と未来』講談社、一九九四

＊

アウグスティヌス著・服部英次郎訳『告白（下）』岩波文庫、一九七六年
ルードヴィッヒ・ウィトゲンシュタイン著、野矢茂樹訳『論理哲学論考』岩波文庫、二〇〇三年
ミルチャ・エリアーデ著・堀一郎訳『永遠回帰の神話　祖型と反復』未来社、一九六三年
フリッチョフ・カプラ著、吉福伸逸・田中三彦・島田裕巳・中山直子訳『タオ自然学』工作舎、一九七九年
セオドア・サイダー著・中山康夫監訳・小山虎・斎藤暢人・鈴木生郎訳『四次元主義の哲学　持続と時間の存在論』春秋社、二〇〇七年
エルヴィン・シュレーディンガー著、岡小天・鎮目恭夫訳『生命とは何か　物理的にみた生細胞』岩波文庫、二〇〇八年、一七四頁
フリードリヒ・ヴィルヘルム・ニーチェ著、氷上英廣訳『ツァラトゥストラはこう言った（上）』岩波文庫、一九六七年
フリードリヒ・ヴィルヘルム・ニーチェ著、氷上英廣訳『ツァラトゥストラはこう言った（下）』岩波文庫、一九七

〇年
フリードリヒ・ヴィルヘルム・ニーチェ著、氷上英廣訳『善悪の彼岸』岩波文庫、一九七〇年
ジョルダーノ・ブルーノ著、清水純一訳『無限、宇宙および諸世界について』岩波文庫、一九八二年
ロジャー・ペンローズ著・中村和幸訳『心は量子で語れるか　21世紀物理の進むべき道をさぐる』講談社、一九九九年
ジョン・エリス・マクタガート著・永井均訳・注釈と論評『時間の非実在性』講談社、二〇一七年
カルロ・ロヴェッリ著・冨永星訳『時間は存在しない』ＮＨＫ出版、二〇一九年

＊

大野晋「記紀の創世神話の構成」『文学33―8』岩波書店、一九六五年
小笠原春夫「機前と機後」『神道宗教　16号』神道宗教学会、一九五八年
折口信夫「神道に現れた民族論理」『古代研究』（民俗学篇2）・『折口信夫全集　第三巻』中央公論社、一九六六年
佐藤正英「日本における歴史観の一特質　『正統』をめぐって」『理想　四三一』理想社、一九六九年
高橋美由紀「吉川神道の死生観をめぐって」『神道大系月報35』神道大系編纂会、一九八三年
西田幾多郎「学問的方法」『教学叢書　第二輯』教学局、一九三七年
田尻祐一郎著「村岡典嗣と平泉澄　垂加神道の理解をめぐって」『東海大学紀要　第七四輯』東海大学文学部、二〇〇二年
早島理「刹那滅と常住説批判　『顕揚聖教論』「成無常品」を中心に」『長崎大学教育学部人文学科研究報告第39号』長崎大学教育学部、一九八九年
西田幾多郎「学問的方法」『教学叢書　第二輯』教学局、一九三七年
西田長男「『中今』の語釈をめぐって」『季刊　日本思想史　第五号』ぺりかん社、一九七七年
山田孝雄「肇国の精神」『日本文化　第五二冊』日本文化協会、一九四〇年
山田孝雄「祝詞宣命」『日本思想叢書　第四編』文部省社会教育局編、一九三二年

おわりに

岐阜県関市板取の根道神社の参道脇に、〝名もなき池〟という名の池がある。両白山地（越美山地）の伏流水で満たされたこの池は、水面がどこにあるのか分からないほど透明で、水中と空中の境には、円を描くように睡蓮の葉が広がっている。水辺に差す木漏れ日は、一瞬を刻むように筆触分割された細かな原色を、穏やかな風景のなかに馴染ませていく。微かな波にゆらぐ朧な輪郭は、印象派の巨匠クロード・モネが描いた「睡蓮」を連想させる。誰が呼んだか、ここは〝モネの池〟という通称がある。名画との違いは、純和風の錦鯉が添える彩である。池底の青い泥土から、そそり立つ若芽の間を潜りぬけ、優雅に泳ぐ鯉の姿を眺めながら、太古の時に思いを馳せる。

『日本書紀』によれば、牙《きざし》を含む渾沌は天地開闢の時を迎え、澄み清らかな陽気はたなびいて天となり、重く濁った陰気はとどこおって地となった。このとき、国土が浮き漂う様は、泳ぐ魚が水の上で浮いているようだったという。その後、天地のなかから葦牙《あしかび》のように萌え立ち生《な》りましたのが国常立尊である。錦の鯉が戯れ遊ぶ〝名もなき池〟の水面には、今もなお、古と未来の今が重なり合って、時を刻んでいるのかも知れない。

時間として存在するのが一瞬の今のみであるならば、その是非に及ばず、今という一瞬を精一杯楽しむに越したことはない。ただし、人は皆、さほど強いものではない。多くの人々は過去を苛み、未来に怯え、今現在を受け入れられずにいる。それは現在主義という三次元の時の流れに囚われているからである。

ものの捉え方は多様である。存在する時間は今のみだと自覚を迫ることもあれば、過去と現在と未来が同時に存在し、今が永久に続くという四次元時空に視点を広げることもある。これは、静止した今現在が永久に続くというのではない。過去と現在と未来が同時進行しているならば、そこに、今を今ならしめる基準はない。したがって、不連続に連続する一瞬の今は無数に同時に重なり合って移ろいでいることになる。

とはいうものの、如何なる考えに立とうと、三次元世界で今を自覚し、今を生きる我々は過去に立ち返ることも、既に帰幽した人々と再開することもできない。過去は自身の記憶という心象のなかでしか蘇らない。蘇った過去の記憶は過去ではなく、今現在の心象なのである。ましてや、第三者の審級として、超越神のごとく、無限に同時進行する過去と現在と未来の推移を俯瞰して眺めることなどできようはずもない。

ここで、発想の転換である。一個人が無限の今を行き来することなどできなくても、過去と現在と未来が私たちの自覚する一瞬の今と同時に存在しているならば、既に過ぎ去った懐かしい人々との楽しい日々も、自分の知らない別の世界で、別の自分とともに、今もなお、生き生きと繰り返されているのだと、四次元時空を夢想することもできる。時間の同時存在に今を今ならしめる基準がなくとも、それぞれ無数に存在する過去・現在・未来の時の流れには、それぞれの先・後という前後関係がある。前が古で後を今以後とするならば稽古照今により、流れる時の帰結する瞬間を今としてを受け入れ、いずれ今となり古となる今以後の未来を見据える力が湧いてくる。

おわりに、本書執筆に理解を示し、忌憚のない意見を頂戴したぺりかん社の小澤達哉氏に深謝の意を表したい。渾沌あるいは混沌は、カオス（chaos）という混乱や無秩序を意味しがちな〝マイナスのイメージが強いことば〟である。そこで、渾沌に含まれた牙を未来の希望や可能性と見るならば、〝仮にいま自分が混沌とした状態であっても、客観的な視点で成り行きを見つめ、「きざし」を感じることが大事……〟との共感を得たことは心強いばかりであった。

既にして悲喜交々の寅の年。今尾神社の宮司が揮毫する今年の干支の色紙に、〝照今〟という言葉が添えられていた。思いがユニゾンで斉唱していたのなら、誠に幸いなことである。

令和四年七月十九日

徳橋達典

著者略歴

徳橋 達典（とくはし たつのり）

1964年、東京都生まれ。國學院大學大学院文学研究科博士課程修了。博士（神道学・國學院大學）。共同通信社ビジュアル報道局写真部次長を経て、現在、今尾神社禰宜・國學院大學兼任講師。

専攻——神道学・神道史

著書・論文——『吉川神道思想の研究　吉川惟足の神代巻解釈をめぐって』（ぺりかん社）、『日本書紀の祈り　多様性と寛容』（ぺりかん社）、『日本書紀の系譜　いのちとつながり』（ぺりかん社）、「吉川惟足の葬祭論の一考察——保科正之の神葬祭をめぐって」（『神道宗教』193号）、「吉川惟足の神籬磐境の伝の要諦」（『神道宗教』219号）など。

連載——「シリーズ　御祭神考」『あをがき（青垣）』（戸隠神社）。

映画——黒澤明監督『夢』（ワーナー・ブラザース）で雅楽（楽箏）を演奏。

日本書紀《にほんしょき》の時間構造《じかんこうぞう》
未生已生の国常立尊と中今

2022年10月10日　初版第1刷発行

著　者　徳橋 達典

発行者　廣嶋 武人

発行所　株式会社 ぺりかん社
〒113-0033 東京都文京区本郷 1-28-36
TEL 03(3814)8515
http://www.perikansha.co.jp/

印刷・製本　モリモト印刷

Printed in Japan

ISBN 978-4-8315-1623-7